Le Bréviaire de Philippe le Bon

LE BRÉVIAIRE DE PHILIPPE LE BON

ŒUVRE NATIONALE
POUR LA REPRODUCTION DE MANUSCRITS A MINIATURES
DE BELGIQUE
(SOCIÉTÉ DES BIBLIOPHILES ET ICONOPHILES DE BELGIQUE)

LE BRÉVIAIRE DE PHILIPPE LE BON

Bréviaire parisien du XVe siècle

PLANCHES

Paris
MAURICE ROUSSEAU
25, Rue de Châteaudun

Bruxelles
CH. WECKESSER
103, Rue Keyenveld

New York
G. E. STECHERT & Co
31-33, East 10th Street

MDCDXXIX

I

Le Bréviaire de Philippe le Bon

I. *L'arbre de Jessé.*
Attribué à Jean Tavernier. — Bruxelles, Bibl. roy., ms. 9511, fol. 15.

II. *La Nativité.*
Attribué à Jean Tavernier. — Bruxelles, Bibl. roy., ms. 9511, fol. 43vo.

III. *La Résurrection.*
Atelier de Guillaume Vrelant. — Bruxelles, Bibl., roy., ms. 9511, fol. 180.

IV. *La Pentecôte.*
Atelier de Guillaume Vrelant. — Bruxelles, Bibl., roy., ms. 9511, fol. 232vo.

V. *David en prière.*
Atelier de Guillaume Vrelant. — Bruxelles, Bibl., roy., ms. 9511, fol. 252.

VI. *Saint André et Philippe le Bon.*
Atelier de Guillaume Vrelant. — Bruxelles, Bibl., roy., ms. 9511, fol. 398.

VII. *La Trinité.*
Atelier de Guillaume Vrelant. — Bruxelles, Bibl., roy., ms. 9026, fol. 1.

VIII. *David jouant de la harpe.*
Atelier de Guillaume Vrelant. — Bruxelles, Bibl., roy., ms. 9026, fol. 108.

IX. *L'assemblée des saints.*
Atelier de Guillaume Vrelant. — Bruxelles, Bibl., roy., ms. 9026, fol. 485.

X. 1. *L'Epiphanie.* 2. *Saint Jean à Patmos.* 3. *L'Ascension.* 4. *Les Apôtres.* 5. *Saint Joachim et sainte Anne.* 6. *Le martyre de saint Etienne.*
Atelier de Guillaume Vrelant. — Bruxelles, Bibl., roy., ms. 9511, fol. 61, 199vo, 220vo, 364, 412vo, 423.

XI. 1. *Saint Jean à Patmos.* 2. *Le massacre des saints Innocents.* 3. *Le martyre de saint Thomas de Cantorbéry.* 4. *Saint Charlemagne.* 5. *La Purification.* 6. *L'Annonciation.*
Atelier de Guillaume Vrelant. — Bruxelles, Bibl., roy., ms. 9511, fol. 428, 432, 436, 469vo, 479vo, 500vo.

XII. 1. *Le martyre de saint Denis et de ses compagnons.* 2. *Saint Philippe et saint Jacques.* 3. *Salomon expliquant les paraboles.* 4. *Philippe le Bon et Isabelle de Portugal à genoux devant le Saint Sacrement.* 5. *Saint Jean-Baptiste.* 6. *Saint Pierre et saint Paul.*
Atelier de Guillaume Vrelant. — Bruxelles, Bibl., roy., ms. 9511, fol. 510, 517; ms. 9026, fol. 21vo, 258, 286vo, 298vo.

XIII. 1. *Sainte Anne, la Vierge et l'enfant Jésus.* 2. *Le martyre de saint Laurent.* 3. *La mort de la Vierge.* 4. *Saint Louis d'Anjou.* 5. *Saint Louis, roi de France.* 6. *La naissance de la Vierge.*
Atelier de Guillaume Vrelant. — Bruxelles, Bibl., roy., ms. 9026, fol. 333vo, 350vo, 365, 373vo, 383vo, 417.

XIV. 1. *Philippe le Bon et Isabelle de Portugal au pied de la croix.* 2. *Saint Michel terrassant le démon.* 3. *Le martyre de saint Denis et de ses compagnons.* 4. *Saint Martin.*
Atelier de Guillaume Vrelant. — Bruxelles, Bibl., roy., ms. 9026, fol. 425, 443, 452vo, 500.

XV. 1 et 2. « *Dominus illuminatio mea...* ». 3 et 4. « *Dixi : custodiam vias meas...* ». 5 et 6. « *Dixit insipiens in corde suo...* ».
Atelier de Guillaume Vrelant. — Bruxelles, Bibl., roy., ms. 9511, fol. 266vo; ms. 9026, fol. 122vo; ms. 9511, fol. 279; ms. 9026, fol. 135; ms. 9511, fol. 287vo; ms. 9026, fol. 143vo.

XVI. 1 et 2. « *Salvum me fac...* ». 3 et 4. « *Exultate Deo...* ». 5 et 6. « *Cantate Domino...* ».
Atelier de Guillaume Vrelant. — Bruxelles, Bibl., roy., ms. 9511, fol. 296; ms. 9026, fol. 152vo; ms. 9511, fol. 307; ms. 9026, fol. 163vo; ms. 9511, fol. 317; ms. 9026, fol. 174.

XVII. 1 et 2. « *Dixit Dominus Domino meo...* ». 3 et 4. *Initiales* V *et* A. 5 et 6. *Initiales* I *et* O.
Atelier de Guillaume Vrelant. — Bruxelles, Bibl., roy., ms. 9511, fol. 329; ms. 9026, fol. 186vo, 31vo, 47vo, 51vo, 370vo.

XVIII. *Une miniature (les douze Apôtres) et une page du bréviaire.*
Atelier de Guillaume Vrelant. — Bruxelles, Bibl., roy., ms. 9026, fol. 220.

XIX. *Une page du bréviaire.*
Atelier de Guillaume Vrelant. — Bruxelles, Bibl., roy., ms. 9026, fol. 19.

XX. *Une page du bréviaire.*
Atelier de Guillaume Vrelant. — Bruxelles, Bibl., roy., ms. 9026, fol. 66.

II

Planches documentaires

NOTA. — *Sauf indication contraire, les manuscrits d'où sont tirées les planches documentaires sont contemporains de Philippe le Bon et datent du milieu ou de la seconde moitié du XVe siècle.*

1. *Portraits de Guillaume Vrelant et de sa femme,* par Memling. Musée de Turin.

2. *Hommage et lecture d'un manuscrit à Philippe le Bon,* par Guillaume Vrelant. — *Les Chroniques de Hainaut,* t. II. Bruxelles, Bibl. roy., ms. 9243, fol. 1.

3. *La cour d'Octave de Bretagne,* par Guillaume Vrelant. — *Les Chroniques de Hainaut,* t. II. Bruxelles, Bibl. roy., ms. 9243, fol. 14vo.

4. *Le martyre des Onze mille vierges,* par Guillaume Vrelant. — *Les Chroniques de Hainaut,* t. II. Bruxelles, Bibl. roy., ms. 9243, fol. 67vo.

5. *Baptême de Clovis et de ses compagnons,* par Guillaume Vrelant. — *Les Chroniques de Hainaut,* t. II. Bruxelles, Bibl. roy., ms. 9243, fol. 72.

6. *Le mariage de sainte Waudru,* par Guillaume Vrelant. — *Les Chroniques de Hainaut,* t. II. Bruxelles, Bibl. roy., ms. 9243, fol. 103.

7. *Wauthier l'orphelin, comte de Hainaut,* par Guillaume Vrelant. — *Les Chroniques de Hainaut,* t. II. Bruxelles, Bibl. roy., ms. 9243, fol. 210.

8. *Le martyre de saint Sauve,* par Guillaume Vrelant. — *Les Chroniques de Hainaut,* t. II. Bruxelles, Bibl. roy., ms. 9243, fol. 225.

9. *Les moines de Saint-Ghislain se plaignant à l'empereur Conrad,* par Guillaume Vrelant. — *Les Chroniques de Hainaut,* t. II. Bruxelles, Bibl. roy., ms. 9243, fol. 291.

10. *La salutation angélique. Philippe le Bon à genoux.* Atelier de Guillaume Vrelant. — *Traité sur la salutation angélique.* Bruxelles, Bibl. roy., ms. 9270, fol. 2vo.

11. *Seigneur et dame à genoux devant une sainte Face.* Atelier de Guillaume Vrelant. — *Heures dites de Charles le Téméraire.* Copenhague, Bibl. roy., ms. 1612, fol. 1.

12. 1. *La Nativité.* 2. *Initiale et encadrement.* Atelier de Guillaume Vrelant. — *Heures à l'usage de Rome.* Davenham, collection Dyson Perrins, ms. 113.

13. *La Résurrection.* Attribué à tort à Guillaume Vrelant. — *Missel d'Isabelle la Catholique.* Escurial, Bibl. roy., vitr. 8 (anc. III. e. 13), fol. 211vo.

14. *Saül couronné roi. Saül vainqueur des Philistins.* Atelier de Guillaume Vrelant. — *La Fleur des Histoires.* Genève, Bibl. publ. et univ., ms. fr., 64, fol. 50vo.

15. *Initiale et encadrement.* Attribué à Guillaume Vrelant (?) — *Heures de Sarum ou Heures de Catherine d'Aragon.* La Haye, Bibl. roy., ms. 76 F. 7 (ancien A.A. 264), fol. 8.

15bis. *L'Epiphanie.* Attribué à Guillaume Vrelant (?) — *Heures de Sarum ou Heures de Catherine d'Aragon.* La Haye, Bibl. roy., ms. 76 F. 7 (anc. A.A. 264), fol. 69.

15ter. *Mise au tombeau.* Attribué à Guillaume Vrelant (?) — *Heures de Sarum ou Heures de Catherine d'Aragon.* La Haye, Bibl. roy., ms. 76 F. 7 (anc. A.A. 264), fol. 80vo.

16. 1. *Le martyre de sainte Catherine.* 2. *Initiale et encadrement.* 3. *Crucifixion.* 4. *La salutation angélique.* Atelier de Guillaume Vrelant. — *Heures à l'usage de Rome.* Londres, Victoria and Albert Museum, ms. L. 2493-1910, fol. 18vo, 19, 13vo et 45vo.

17. 1. *L'Epiphanie.* 2. *Initiale et encadrement.* 3. *La Pentecôte.* 4. *La fuite en Egypte.* 5. *Saint Jérôme au pied de la croix.* 6. *Initiale et encadrement.* Atelier de Guillaume Vrelant. — *Heures à l'usage de Rome.* Londres, collection John Murray (manuscrit non folioté).

18. 1. *Crucifixion.* 2. *La Pentecôte.* Atelier de Guillaume Vrelant. — *Livre d'Heures de Jacques de Brégilles.* Londres, collection Henry Yates Thompson, ms. 13, fol. 27 et 35.

19. 1. *Buste du Christ.* 2. *Saint Michel.* 3. *L'Elévation.* 4. *La communion.* 5. *Philippe le Bon en prière.* 6. *Le couronnement de la Vierge.* Atelier de Guillaume Vrelant. — *Livre d'heures de Philippe le Bon.* Munich, Bayerische Staatsbibliothek, cod. gall., 40, fol. 3vo, 22, 133vo, 141, 144, 173vo.

20. 1. *La salutation angélique.* 2. *La Vierge et l'enfant Jésus entourés d'anges.* 3. *La résurrection des morts.* 4. *Service funèbre.* Atelier de Guillaume Vrelant. — *Livre d'heures.* Naples, R. Archivio di Stato, ms. XLIX.

21. *Copiste au travail.* Atelier de Guillaume Vrelant. — *La légende dorée.* New York, Bibl. Pierpont Morgan, ms. 458, t. I, fol. 1.

22. *Le martyre de Saint Pierre « diacre ».* Atelier de Guillaume Vrelant. — *La légende dorée.* New York, Bibl. Pierpont Morgan, ms. 458, t. III, fol. 271 (anc. t. II, fol. 1).

22bis. *Chrysanthe et Daria. Les cinq pucelles. Chrysanthe et Daria enterrés vivants.* Atelier de Guillaume Vrelant. — *La légende dorée.* Mâcon, Bibl. mun., ms. 3, fol. 2.

23. *La Trinité et le châtiment des anges rebelles.* Attribué à Guillaume Vrelant (?). — *Le Miroir historial.* Paris, Bibl. nat., ms. fr. 308, fol. 13.

24. *Théodose le Grand devant Constantinople.* Atelier de Guillaume Vrelant. — *Le Miroir historial.* Paris, Bibl. nat., ms. fr. 310, fol. 2.

25. *Jean Miélot présentant son manuscrit à Philippe le Bon.* Atelier de Guillaume Vrelant. — *La vie de sainte Catherine.* Paris, Bibl. nat., ms. fr. 6449, fol. 5.

26. *Constance accordant la liberté aux chrétiens.* Atelier de Guillaume Vrelant. — *La vie de sainte Catherine.* Paris, Bibl. nat., ms. fr. 6449, fol. 11vo.

27. *Mariage du roi Costus et de la reine Sabinelle.* Atelier de Guillaume Vrelant. — *La vie de sainte Catherine.* Paris, Bibl. nat., ms. fr. 6449, fol. 17.

28. *Naissance de sainte Catherine.*
Atelier de Guillaume Vrelant. — *La vie de sainte Catherine.* Paris, Bibl. nat., ms. fr. 6449, fol. 18.

29. *Arbre généalogique.*
Attribué à Guillaume Vrelant (?) — Paris, Musée du Louvre, cabinet des dessins, miniature 1698.

30. *Jean Wauquelin présente son manuscrit à Philippe le Bon.*
Atelier de Guillaume Vrelant. — *Histoire du bon roi Alexandre.* Paris, Petit Palais (collection Dutuit), ms. 456, fol. 7.

31. *Le mariage de Philippe de Macédoine.*
Atelier de Guillaume Vrelant. — *Histoire du bon roi Alexandre.* Paris, Petit Palais (collection Dutuit), ms. 456, fol. 8.

32. *Les clercs assemblés pour expliquer le songe d'Alexandre.*
Atelier de Guillaume Vrelant. — *Histoire du bon roi Alexandre.* Paris, Petit Palais (collection Dutuit), ms. 456, fol. 12vo.

33. *Aristote et Alexandre.*
Atelier de Guillaume Vrelant. — *Histoire du bon roi Alexandre.* Paris, Petit Palais (collection Dutuit), ms. 456, fol. 22.

34. *Alexandre fait la paix avec Cassamus.*
Atelier de Guillaume Vrelant. — *Histoire du bon roi Alexandre.* Paris, Petit Palais (collection Dutuit), ms. 456, fol. 63.

35. *Alexandre devant l'image de Nectanebus.*
Atelier de Guillaume Vrelant. — *Histoire du bon roi Alexandre.* Paris, Petit Palais (collection Dutuit), ms. 456, fol. 140vo.

36. *Ferry de Clugny, évêque de Tournai.*
Atelier de Guillaume Vrelant. — *Missel de Ferry de Clugny.* Sienne, Bibl. com., ms. X. V. I., fol. 15vo.

37. *Le bain de l'enfant.*
Atelier de Guillaume Vrelant. — *Le Miroir d'humilité.* Valenciennes, Bibl. mun., ms. 240 (231), fol. 1 (211).

38. « *La création de l'âme humaine par nature* ».
Atelier de Guillaume Vrelant. — *Le Miroir d'humilité.* Valenciennes, Bibl. mun., ms. 240 (231), fol. 18 (228).

39. *Les honneurs, la puissance, les plaisirs et la richesse.*
Atelier de Guillaume Vrelant. — *Le Miroir d'humilité.* Valenciennes, Bibl. mun., ms. 240 (231), fol. 37 (246)

40. *Gerson prêchant la passion.*
Atelier de Guillaume Vrelant. — *Le Miroir d'humilité.* Valenciennes, Bibl. mun., ms. 240 (231), fol. 117 (319).

41. *La Trinité.*
Atelier de Guillaume Vrelant. — *Livre d'heures de Charles le Téméraire.* Vienne, Bibl. nat., ms. 1857, fol. 51.

42. 1. *La Pentecôte.* 2. *La Vierge et l'enfant Jésus entourés d'anges.* 3. *La salutation angélique.* 4. *La Visitation.*
Atelier de Guillaume Vrelant. — *Livre d'heures.* Vienne, Bibl. nat., ms. 1987, fol. 22vo, 30vo, 44vo, 66vo.

42bis. 1. *Le martyre de saint Sébastien.* 2. *Buste du Christ.* 3 et 4. *Personnages en prière.*
Atelier de Guillaume Vrelant. — *Livre d'heures.* Vienne, Bibl. nat., ms. 1987, fol. 220vo, 230vo, 233vo, 241vo.

43. 1. *Le Christ bénissant.* 2. *La Pentecôte.* 3. *Crucifixion.* 4. *La salutation angélique.*
Atelier de Guillaume Vrelant. — *Livre d'heures.* Vienne, Bibl. nat., Fidei-Kommiss.-Bibl., ms. 2757, fol. 15vo, 18vo, 25vo, 59vo.

44. 1. *La salutation angélique.* 2. *L'annonce aux bergers.*
Atelier de Guillaume Vrelant. — *Livre d'heures de Guillaume de Montfort.* Vienne, Bibl. nat., Fidei-Kommiss.-Bibl., ms. 7978, fol. 25vo, 48vo.

45. *Conférence de diplomates.*
Elève ou imitateur de Guillaume Vrelant. — *Les prétentions anglaises à la couronne de France.* Bruxelles, Bibl. roy., ms. 9469-9470, fol. 1.

46. *Alexandre chevauchant à travers son empire.*
Attribué à Guillaume Vrelant (?) — *Histoire du fort roy Alexandre.* Bruxelles, Bibl. roy., ms. 11104-11105, fol. 10.

47. *Lettre d'Alexandre à Aristote.*
Attribué à Guillaume Vrelant (?) — *Histoire du fort roy Alexandre.* Bruxelles, Bibl. roy., ms. 11104-11105, fol. 66.

48. 1. *La Vierge et l'enfant Jésus.* 2. *La Visitation.*
Elève ou imitateur de Guillaume Vrelant. — *Livre d'heures.* Dresde, Sächsische Landesbibliothek, ms. A. 178, fol. 24vo et 71vo.

49. *Silène endormi.*
Elève ou imitateur de Guillaume Vrelant. — Virgile. *Bucoliques.* La Haye, Bibl. roy., ms. 76 E. 21; t. I, fol. 27vo.

50. *La mort de Turnus.*
Elève ou imitateur de Guillaume Vrelant. — Virgile. *Enéide.* La Haye, Bibl. roy., ms. 76 E. 21; t. III, fol. 231.

51. *La divine sagesse et le disciple.*
Elève ou imitateur de Guillaume Vrelant (?). — *Traités ascétiques.* Munich, Bayerische Staatsbibliothek, cod. gall. 28, fol. 1.

52. *Malade à son lit de mort.*
Elève ou imitateur de Guillaume Vrelant (?). — *Traités ascétiques.* Munich, Bayerische Staatsbibliothek, cod. gall, 28, fol. 5vo.

52bis. *La pénitence.*
Elève ou imitateur de Guillaume Vrelant (?). — *Traités ascétiques.* Munich, Bayerische Staatsbibliothek, cod. gall., 28, fol. 51.

53. 1. *L'enrôlement des esclaves après la bataille de Cannes.* 2. *Vieillard bêchant son jardin.*
Elève ou imitateur de Guillaume Vrelant. — *Valère Maxime.* Paris, Arsenal, ms. 5196, fol. 310 et 357vo.

54. *Saint Augustin.*
Elève ou imitateur de Guillaume Vrelant. — *Méditations de saint Augustin.* Bruxelles, Bibl roy., ms. 9297-9302, fol. 5.

55. *Personnage assis devant un pupitre.*
Elève ou imitateur de Guillaume Vrelant. — *Méditations de saint Augustin.* Bruxelles, Bibl roy., ms. 9277-9302, fol. 73.

56. 1. *Seigneur et dame à genoux devant le Saint-Sacrement.* 2. *La mort de la Vierge.*
Elève ou imitateur de Guillaume Vrelant (?) — *Heures à l'usage de Rome.* Paris, Arsenal, ms. 652, fol. 49vo et 131vo.

57. 1. *La salutation angélique.* 2. *La Pentecôte.* 3. *Le couronnement de la Vierge.* 4. *Service funèbre.*
Elève ou imitateur de Guillaume Vrelant (?) — *Heures à l'usage d'Utrecht.* Utrecht, Musée archiép., ms. 18, fol. 21vo, 108vo, 130vo, 179vo.

58. *Entrée d'une ville. Présentation d'un manuscrit à Philippe le Bon,*
par Jean Tavernier. — *Les Conquêtes de Charlemagne,* t. I. Bruxelles, Bibl. roy., ms. 9066, fol. 11.

59. *Geoffroy de Danemark livrant son fils Ogier en otage à Charlemagne,*
par Jean Tavernier. — *Les Conquêtes de Charlemagne,* t. I. Bruxelles, Bibl. roy., ms. 9066, fol. 164vo.

60. *Les messagers de Charlemagne devant Geoffroy de Danemark,*
par Jean Tavernier. — *Les Conquêtes de Charlemagne,* t. I. Bruxelles, Bibl. roy., ms. 9066, fol. 169vo.

61. *Combats singuliers de Charlot et de Sadoine, d'Ogier et de Caraheu,*
par Jean Tavernier. — *Les Conquêtes de Charlemagne,* t. I. Bruxelles, Bibl. roy., ms. 9066, fol. 209vo.

62. *Rolland dans la mêlée,*
par Jean Tavernier. — *Les Conquêtes de Charlemagne,* t. I. Bruxelles, Bibl. roy., ms. 9066, fol. 334.

63. *La salutation angélique.*
Atelier de Jean Tavernier. — *Livre d'heures de Philippe le Bon.* La Haye, Bibl roy., ms. 76 F. 2, fol. 10.

64. *La Nativité.*
Atelier de Jean Tavernier. — *Livre d'heures de Philippe le Bon.* La Haye, Bibl. roy., ms. 76 F. 2, fol. 12.

65. *La Résurrection.*
Atelier de Jean Tavernier. — *Livre d'heures de Philippe le Bon.* La Haye, Bibl. roy., ms. 76 F. 2, fol. 33.

66. *La Trinité.*
Atelier de Jean Tavernier. — *Livre d'heures de Philippe le Bon.* La Haye, Bibl. roy., ms. 76 F. 2, fol. 54.

67. *La Pentecôte.*
Atelier de Jean Tavernier. — *Livre d'heures de Philippe le Bon.* La Haye, Bibl. roy., ms. 76 F. 2, fol. 72.

68. *La salutation angélique.*
Atelier de Jean Tavernier. — *Livre d'heures de Philippe le Bon.* La Haye, Bibl. roy., ms. 76 F. 2, fol. 116.

69. *La Nativité.*
Atelier de Jean Tavernier. — *Livre d'heures de Philippe le Bon.* La Haye, Bibl. roy., ms. 76 F. 2, fol. 139.

70. *Ensevelissement d'un mort.*
Atelier de Jean Tavernier. — *Livre d'heures de Philippe le Bon.* La Haye, Bibl. roy., ms. 76 F. 2, fol. 169.

71. *Crucifixion.*
Atelier de Jean Tavernier. — *Livre d'heures de Philippe le Bon.* La Haye, Bibl. roy., ms. 76 F. 2, fol. 242.

72. *Philippe le Bon à genoux aux pieds de la Vierge.*
Atelier de Jean Tavernier. — *Livre d'heures de Philippe le Bon.* La Haye, Bibl. roy., ms. 76 F. 2, fol. 299.

73. *Calendrier de Paris : janvier.*
Bréviaire de Philippe le Bon. Bruxelles, Bibl. roy., ms. 9511, fol. 244vo.

74. *Calendrier de Paris : février.*
Bréviaire de Philippe le Bon. Bruxelles, Bibl. roy., ms. 9511, fol. 245.

75. *Calendrier de Paris : mars.*
Bréviaire de Philippe le Bon. Bruxelles, Bibl. roy., ms. 9511, fol. 245vo.

76. *Calendrier de Paris : avril.*
Bréviaire de Philippe le Bon. Bruxelles, Bibl. roy., ms. 9511, fol. 246.

77. *Calendrier de Paris : mai.*
Bréviaire de Philippe le Bon. Bruxelles, Bibl. roy., ms. 9511, fol. 246vo.

78. *Calendrier de Paris : juin.*
Bréviaire de Philippe le Bon. Bruxelles, Bibl. roy., ms. 9511, fol. 247.

79. *Calendrier de Paris : juillet.*
Bréviaire de Philippe le Bon. Bruxelles, Bibl. roy., ms. 9511, fol. 247vo.

80. *Calendrier de Paris : août.*
Bréviaire de Philippe le Bon. Bruxelles, Bibl. roy., ms. 9511, fol. 248.

81. *Calendrier de Paris : septembre.*
Bréviaire de Philippe le Bon. Bruxelles, Bibl. roy., ms. 9511, fol. 248vo.

82. *Calendrier de Paris : octobre.*
Bréviaire de Philippe le Bon. Bruxelles, Bibl. roy., ms. 9511, fol. 249.

83. *Calendrier de Paris : novembre.*
Bréviaire de Philippe le Bon. Bruxelles, Bibl. roy., ms. 9511, fol. 249vo.

84. *Calendrier de Paris : décembre.*
Bréviaire de Philippe le Bon. Bruxelles, Bibl. roy., ms. 9511, fol. 250.

85. *Le diocèse de Paris au XVIIIe siècle,*
d'après la *Gallia christiana* (1744).

86. *Plan de Paris sous Charles IX,*
d'après la planche originale de la Chalcographie du Louvre.

87. *Détail du plan de Paris sous Charles IX : la Cité.*

88. *Détail du plan de Paris sous Charles IX : Saint-Martin des Champs et le Temple.*

89. *Détail du plan de Paris sous Charles IX : Saint-Gervais, l'Hôtel de Ville et la Bastille.*

90. *Détail du plan de Paris sous Charles IX : Sainte-Geneviève, Saint-Victor et Saint-Marcel.*

91. *Détail du plan de Paris sous Charles IX : la Ville-l'Evêque et Montmartre.*

92. *Plan de Paris sous Charles IX : Le Louvre, Saint-Germain-l'Auxerrois et Saint-Eustache.*

93. *Détail du plan de Paris sous Charles IX : Saint-Germain des Prés et Saint-Sulpice.*

94. *Notre-Dame de Paris et ses chapelles,*
d'après Marcel Aubert.

95. *Le chœur de Notre-Dame au XVe siècle,*
d'après Viollet-le-Duc.

96. *La Trinité.*
(XIIe siècle, début). — *Missel de Cambrai,* Cambrai, Bibl. mun. ms. 234, fol. 2.

97. *Arbre de Jessé.*
Ecole française (XVe siècle, début). — *Bible historiale.* Bruxelles, Bibl. roy., ms. 9002, fol. 219.

98. *Arbre de Jessé.*
Ecole française (XVe siècle, début). — *Bible historiale,* Bruxelles, Bibl. roy., ms. 9025, fol. 144.

99. *La Nativité,*
par le Maître de Flémalle. Musée de Dijon.

100. *Portrait de Philippe le Bon,*
d'après Roger Van der Weyden. Maison royale d'Espagne.

101. *Portrait d'Isabelle de Portugal.*
Ecole française (?). Paris, Musée du Louvre.

102. *Sainte Barbe,*
par le Maître de Flémalle. Madrid, Musée du Prado.

Sabbato in aduentu do
mini ad uesperas super
psalmos. antiphona. Be
nedictus. psalmus. Ipsum.
Cum ceteris antiphonis
et psalmis. Infra. Caplm.
et suscitabo dauid germe

Lcõ. j.
[P]rimo
tempore
alleu
iata est
terra
zabulon et terra neptali
et nouissimo aggrauata
est uia maris trans iorda
nem galilee gentium. Po
pulus gentium qui am
bulabat in tenebris vidit
lucem magnam. Habitā
tibus in regione umbre

Pl. III.

In uigilia pasche ad uespe
ras super psalmos ant.
Alleluya
quoniā
mcīnū
allā im
sericordia

eius allā allā. ps. Laudate
dnm omnes gentes. Non
dicitur gloria sed incipitur
ab eo qui missam celebrat.
ad magnif. a. Vespere autē
sabbati que lucescit in pri
ma sabbati venit maria

tet sp̄s scō ℞.
D um com
plerent[ur]
dies pen
thecostes
erant omnes pariter dicen
tes all'a. et subito factus est
sonus de celo all'a. Tamq̄m
spiritus vehementis replevit to
tam domum all'a all'a ℣.
Repleti sunt omnes spiri
tu scō et ceperunt loqui. Taq̄
q̄m. Gloria patri et filio et spi
ritui sancto. All'a. Lcō. ij.

eat⁹
uir
qui
non
abiit
in cõ
silio impiorum ⁊ in uia
peccatorum non stetit: et
in cathedra pestilentie nõ
sedit. Sed in lege dñi uo
luntas eius: et in lege ei⁹
meditabitur die ac nocte.
Et erit tanqȝ lignũ
qd plantatum est secus

In uigilia sci andree apli
lco prima. Scdm iohannem.
In illo tempore. Stabat ioha-
nes et ex discipulis eius
duo. Et respiciens ihm a-
bulantem dicit. Ecce ag-
nus dei. Et audierunt eu
duo discipuli loquentem
et secuti sunt ihm. Et rel.
Omelia venerabil. bede pbri.
Stabat iohannes et
ex discipulis eius
duo. Stabat iohannes quia
ardebat in domino et duo

Sanctus iohannes euangelista
Sanctus matheus euangelista
Sanctus marcus euangelista
Sanctus lucas euangelista
Sabbo in octabis penthecosten de sancta trinitat.
Gloria tibi trinitas equalis una deitas et an
omnia secula et nunc et in perpetuum. ps. Benedictus.
A. Laus et perhennis gloria deo patri et filio sco simul paraclito in secula seculorum.
ps. Exaltabo. A. Gloria laudis resonet in ore omnium

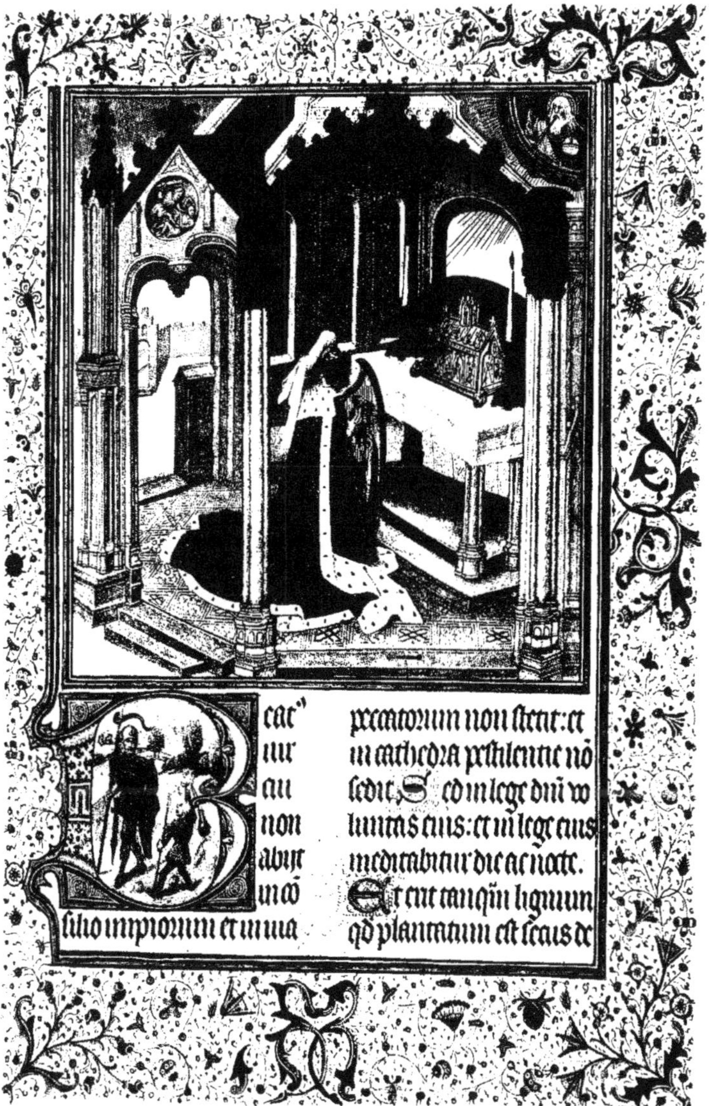
Beat'
vir
qui
non
abiit
in cõ-
silio impiorum et in via
peccatorum non stetit: et
in cathedra pestilentie nõ
sedit, Sed in lege dñi vo-
luntas eius: et in lege eius
meditabitur die ac nocte.
Et erit tanq̃m lignum
qđ plantatum est secus de

Lcō prima.
egimus in
ecclasticis hy
storijs qd be
atus bonifacius qui quar
tus a beato gregorio roma
ne urbis epatum tenebat
suis precibus a foca cesare
impetraret donari eccle
xpi templum rome quod
ab antiquis pantheon
antea nominabatur quia hoc

omi
nus
illu
mi
nati
one
a: et salus mea quem ti

omi
nus
illu
mina
no me
a: et

ixi cu
stodi
am
uias
meas:
ut nō
delinquam in lingua me

ixi
custo
diā
uias
meas:
ut ñ
deli
quam in lingua mea.

ixit i
sipiēs
in cor
de suo:
non ē
deus.
Corrupti sunt et abho

ixit
insi
piēs
in cor
de su
o: nō
est de
us. Corrupti sunt et

aluū
me fac
ds qm
intra
uerūt
aque:
usqꝫ ad animam meam

Aluū
me
fac
deus
qm
int
uerūt
aque: usqꝫ ad animam

xulta
te deo
adiu
tori
nr̄o:
iubi
late deo iacob. Sumite

xul
tate
deo
adiu
tori
nr̄o
iubi
late deo iacob. Sumite

anta
te do
mio
canti
cum
nouū:
quia mirabilia fecit.

anta
te do
mio
cāti
cum
no
uū:
quia mirabilia fecit.

ixit
dñs
dño
meo:
sede
a dex
tris meis Donec ponã

ixit
dñs
dño
meo:
sede
a dex
tris
meis Donec ponam

septembris. Dñica. ix. lcõ. j.
ir erat in
terra hus
nomine
iob & erat
uir ille si
plex et rectus ac timens
deum et recedens a ma

legitur per octo dies. Do
minica. xv. lcõ prima.
rphaxath
itaqz rex
medorum
subiuga
uerat multas gentes
imperio suo et ipse edifi

incipit liber hester qui legi
tur per octo dies. Domini
ca. xvj. lcõ. j.
n diebus as
sueri regis
qui regna
uit ab india
usqz ethiopiam super

sculetur me
osculo oris
sui quia me
liora sunt
ubera tua uino fragantia
unguentis optimis. Ole
um effusum nomen tuũ

Dixit quoque samuel
ad saul. Sine me:
et indicabo tibi que locu-
tus sit dominus ad me
nocte. Dixitque ei. Loquere.
Et ait samuel. Nonne cum
paruulus esses in oculis
tuis caput in tribubus
israel factus es: unxitque
te dominus in regem su-
per israel. Lectio tercia.
Et misit te dominus
in uia et ait. Vade
et interfice peccatores amalech et pugnabis contra
eos usque ad internitionem
eorum. Quare ergo non
audisti uocem domini
sed uersus es ad predam
et fecisti malum in con-
spectu domini. Lectio iiij.
Et ait saul ad samu-
elem. Immo audi-
ui uocem domini et am-
bulaui in uia per quam
misit me dominus. et
adduxi agag regem ama-
lech et amalech interfeci.
Tulit autem populus
de preda oues et boues pri-
micias eorum que cesa
sunt ut immolent domino
deo suo in galgalis. Lectio v.
Et ait samuel. Numquid
uult dominus ho-
locausta et uictimas. et
non potius obediatur
uoci domini: melior est
obediencia quam uictime
et ascultare magis quam
offerre adipem arietum.
Quoniam lectio vj.
quasi peccatum
ariolandi est repugnare:
et quasi scelus ydolatrie
nolle acquiescere. Pro eo
ergo quod abiecisti sermo-
nem domini abiecit te do-

Incipit liber ezechielis prophe
qui legendus est usque ad ad
uentum domini si fiat de tempore
Dominica uicesima prima lectio i.
Et factum
est in tricesimo anno
in mense
quarto in quinta men
sis cum essem in medio
captiuorum iuxta flu
uium chobar: aperti sunt
celi et uidi uisiones dei.
In quinta mensis ipse est
annus quintus transmi
grationis regis ioachim
factum est uerbum domini
ad ezechiel filium buzi
sacerdotem in terra chal
deorum secus flumen
chobar. Responsorium.
Vidi dominum sedentem
super solium excel
sum et eleuatum et plena
erat omnis terra maiestate
eius: et ea que sub ipso erant
replebant templum. V. Se
raphin stabant super illud
sex ale uni et sex ale alteri
Et ea. Lectio secunda.
Et facta est super eum
ibi manus domini. Et
uidi et ecce uentus turbi
nis ueniebat ab aquilo
ne: et nubes magna et
ignis inuoluens et splen
dor in circuitu eius: et de
medio eius quasi species
electri id est de medio ig
nis. R. Aspice domine de
sede sancta tua et cogita de
nobis inclina deus meus
aurem tuam et audi. Aperi
oculos tuos et uide tribula
tionem nostram. V. Qui re
gis israel intende qui deducis
uelut ouem ioseph. Aperi. lectio iii.
Et de medio eorum

Planches Documentaires

LA TRINITÉ
Attribué à Guillaume Vrelant.
Fragment de livre d'Heures. Leipzig. Börner.

GUILLAUME VRELANT ET SA FEMME, PAR MEMLING
Scènes de la Passion. Musée de Turin.

Censieut le prologhe du translatteur pour le second volume des annales histores des nobles princes de haynn.

[E]nsuivant la matere premise de ceste p̃ntr oeuvre ce ia est promi[illegible] commenchement et premier prologhe de la premiere parti[illegible] volume. dechief au commandement de mon dit tres redoubte seig[illegible] monss philippe

par la grace de dieu duc de bourgongne de lotrinnghe de brabãt et de lembourg conte de flandes dartois z de bourgongne palatin de haynn de hollande de zelãde et de namur cõe dit est selont la possibilite de mon petiot et foible engien me suis determinez et enhardis dicelle p̃nte oeuvre translater et mettre en nr̃e langaige maternel quant a la secõde partie si avant que ie lay sceut

HOMMAGE ET LECTURE D'UN MANUSCRIT A PHILIPPE LE BON
par Guillaume Vrelant.
Les Chroniques de Hainaut, Tome II. Bruxelles, Bibl. roy., ms. 9243, fol. 1.

del empire gracien z valentinien
empereurs z daulcunes choses aduc
nues en leur tamps. lacteur. i. cap

Toutes generalitez
doncques psupposees
tamps est de retour
ner a la matere et
histore encõmenchie z dont nous
auons intention de parler. Il est
declaire par chi deuant en la pmere
partie de ceste pñte oeure cõment
iulius cesar conquesta la prĩcie
de belges la quelle pour vne ptie
est maintenant appellee haynn̄. et
cõment les empereurs rommains
consequanment depuis le tamps

iulius cesar deuantdit ont ossy ob
tenu du dit terroir la prĩcie z le
ont gouuerne iusques aux tamps
de valent lempereur. a maintenant
en ceste seconde partie sera declare
au plaisir de nr̃e seigneur la gene
alogie des princes qui consequan
ment iusques a ces tamps presēs
ont obtenu z gouuerne la ditte
prĩcie selonc les opinions des his
toriens que lacteur a peut trouuer
en comptant les ans selonc sigi
bert de gembleux cõme il le a par
chi dessus promis et note. En lan
doncques de nr̃e ihesu crist. iij.c. iiij.xx
et viij courant lan. ii.c. iiij.xx et iv.c

LA COUR D'OCTAVE DE BRETAGNE
par Guillaume Vrelant.
Les Chroniques de Hainaut. Tome II. Bruxelles, Bibl. roy., ms. 9243, fol. 14vo.

et vindrent sur leurs nefs iusques
a basele et la les laisserent. z de
basele iusques a rome elles alerent
a piet. Quant elles eulrent acom
plies leurs devotions elles retour
nerent par le meisme maniere
que elles estoient alees et revin
rent en la cite de coulongne. Tan
tost que elles y furent arrivees
elles furent par les huns aviron
nees z prises et finablement par
eulx martirees coē dient leur le

gende qui plus au long parle de
la matere. et par ensy de les saint
z de leur corps fu la cite de colong
ne embelie z anoblie. Sigibert
dist que en cel an attille envay y
talie la ou a pames il destruisi z
gasta toutes les cites du pays. le
vint le pape leon a luy z lui com
manda quil se departesist du reg
ne. ne onques en venant vers luy
le dit pape ne le salua. mais le
dit attille se departi prestement

LE MARTYRE DES ONZE MILLE VIERGES
par Guillaume Vrelant.
Les Chroniques de Hainaut. Tome II. Bruxelles, Bibl. roy., ms. 9243, fol. 67vo.

En ce temps theodericus roi des ostregots comme la p lespasse de xvi ans il euist este roy des ostregots il se parti de mese et sen ala en ytalie pour auoir et recepuoir le don que lempereur zenon luy auoit fait. si vint cont luy a bataille odoacre q se tenoit roy en la terre. si fu par theodericus vaincu .ii. fois. au darrain le dit odoacre sen fuy en la cite de pavie la ou theodericus mist le siege z y fu .iii. ans. En lan de nreß iiij^c iiij^xx et xj. fu pape de romme anastasius le xlviii^e. En cel an estoient les engles si fors en bretaigne que les bretons perdirent leur nom z leur droit z se firent les habitans appeller engles. z en furent les .ii. premiers seigneurs lun apres lautre / essy z elesin qui regnerent lun apres lautre par le terme de lxv. ans. En lan de nreß iiij^c iiij^xx z vii. morut lempereur zenon si fu empereur anastase qui regna xxvii ans. En lan ensieuant fu pape de romme simacus xlix^e. mais pour ce que

BAPTÊME DE CLOVIS ET DE SES COMPAGNONS
par Guillaume Vrelant.
Les Chroniques de Hainaut. Tome II. Bruxelles, Bibl. roy., ms. 9243, fol. 72.

Nostre doulx saulueur
ihesu crist redempteur
du monde pour en
lummer sa voie de
la vie pardurable a tous loiaulx
xpiens apres sa benoite ascention
a daigne envoier en cestuy mise
rable monde ses benois apostles
depuis les eslus des apostles po[r]
iceulx ensieuvir z remonstrer au

peuple ce que dit est. lesquelz eslus
en vivant droiturierement en por
tant z souffrant debonnairement
les adversitez du monde en despitant
les choses temporelles mais en ap
petant les choses pardurables en
preschant en attendant ou querant
nonchalessent aux certains les ioies
que ilz avoient perdues du regne
pardurable. Et que ie die verite

LE MARIAGE DE SAINTE WAUDRU
par Guillaume Vrelant.
Les Chroniques de Hainaut, Tome II. Bruxelles, Bibl. roy., ms. 9243, fol. 103.

Du commenchemeut de la cõte de flandres viii.e caple

Sensieut la matere du viii.e liure Et premiers de Walter dit lorphenin conte de mons z de pluis choses aduenues en ce tamps. le premier capitle.

Pour ce que ou liure precedet lacteur est issus de le vraie computation des tamps et des ans a locasion des legendes daulcuns sains z saintes lesquelles il a entierement z plainement demonstrees ensi que les a trouuees. a maintenant z cõsequamment il a propose de retõrner a la vraie histore encõmence

WAUTHIER L'ORPHELIN, COMTE DE HAINAUT
par Guillaume Vrelant.
Les Chroniques de Hainaut. Tome II. Bruxelles, Bibl. roy., ms. 9243, fol. 210.

Comment Wmegart cōmanda a vng sien serviteur nommez Winegarte que il ochesist saint saue en le prison. vintisme caplē.

Le tourier venus et descendus en la prison de lez le saint proedōme qui estoit en orisons tantost que il le vit de si ferme corage il fu cōe tous esbahis z cōmencha entre les secrez de sa pensee merveilleusemēt a cremir z doubter. Si dist au s. proedomme. O homme de dieu je suy moult apprestez. Se li respondi le saint evesque. O mon fil ces choses chi ne te sont point eureuses. le tourier respondi. Je q̄ suy dist il maleureux envoyes a toy pour perpetrer vng tresgrant pechie te voy cōme vng angele de dieu car je ne te ay peut celer ce que cōmande ma este de monseig̃ Wnegard mon maistre z ce q̄l ma cōmande que je te feisse en

LE MARTYRE DE SAINT SAUVE
par Guillaume Vrelant.
Les Chroniques de Hainaut. Tome II. Bruxelles, Bibl. roy., ms. 9243, fol. 225.

Comment les moines de .S. guil
laum vindrent a lempereur cōrad
contre renier conte de mons. xlvj.e

es annales de .S. guil
laum dient que en lan
de nr̄eseigneur mille z xxx. le
abbe de .S. guillaum nōmez hilde
brant z ses freres moult dolās
que ilz estoient compulsez du cō
te renier daulcuns de ses drois
en alerent par devers lempeur
conrad z li remonstrerēt en
plourant la desolation du lieu
z le destourbier que leur faisoit
le devantdit conte. Sur quoy
lempereur les recheupt z oy de
bonnairement z leur rendi z
confirma toutes leurs libertez
z franchises pour quoy ilz sen re
tournerent en leur abbeye tres
joieux. En lan de nr̄e s. mille z
xxxviij. morut fedric le duc des
moselains. et pour ce que il
navoit nul hoir masle par le
quel sa duchie fust gouvernee
gotelon le duc de lotreigne em
petra sa duchie a lempereur
le quel y regna puissanmēt.

LES MOINES DE SAINT-GHISLAIN SE PLAIGNENT A L'EMPEREUR CONRAD
par Guillaume Vrelant.
Les Chroniques de Hainaut, Tome II. Bruxelles, Bibl. roy., ms. 9243, fol. 291.

Cy commence loeuure de salut. Ce liure salue
Icelle dame dont sailly toute salut. Et sans
laquelle nest nul salut.

La salutation angelique &c.
Ave maria gracia plena dns tecum
benedicta tu in mulieribus et bene
dictus fructus ventris tui. Cest
a dire Dieu te sault marie plaine
de grace nostre seigneur soit avecques toy
Tu es benete entre toutes les femmes

LA SALUTATION ANGÉLIQUE. PHILIPPE LE BON A GENOUX
Atelier de Guillaume Vrelant.
Traité sur la Salutation Angélique. Bruxelles, Bibl. roy., ms. 9270, fol. 2vo

SEIGNEUR ET DAME A GENOUX DEVANT UNE SAINTE FACE

Atelier de Guillaume Vrelant.

Heures dites de Charles le Téméraire. Copenhague. Bibl. roy., ms. 1612, fol. 1.

1. LA NATIVITÉ   2. INITIALE ET ENCADREMENT
Atelier de Guillaume Vrelant.
Heures à l'usage de Rome. Davenham, coll. Dyson Perrins, ms. 113 (miniature unique).

FR. MACARIO SÁNCHEZ, FOT.

LA RÉSURRECTION
Attribuée à tort à l'atelier de Guillaume Vrelant.
Missel romain. Escurial, Bibl. roy., vitrine 8 (anc. cote III. c. 13), fol. 211vo.

ilz assamblerent xxx^{m} curres et vi^{c}
mil hommes acheual et de gens de
pie sans nombre. et vindrent en la
terre disrael Saul de lautre part
assambla ses gens et manda sa
muel. Samuel lui remanda quil
atendist jusques a vij jours.
Quant saul eut atendu vij jours
et il veit que samuel nestoit en
cores point venu et quil perdoit
de ses gens qui sen aloient chun
jour il natendit plus samuel
pour rendre sacrifice a dieu ains
sacrifia lui meismes. au vii^{e}
jour Et samuel vint en ce point
qui le blasma fort de ce quil ne
lavoit atendu pour faire le sa
crefice. saul sen excusa pour les
causes predictes Et adont lui
dist samuel par revelacion di
vine que sa lignie ne tenroit
ja le royaume disrael pour ce
quil avoit ainsi trespasse le co
mandement de dieu Et que dieu
metroit en son lieu homme qui
seroit a son gre Apres ces choses
saul assambla ce quil peult
avoir de gens et en eut envi
ron vi^{m} et fist porter en son ost
larche du testament par achias
le prestre. et se combatit aux
philistins lui et jonathas son
filz et les vainquirent et fist issir
a force darmes hors de leurs
marches

Apres ceste belle victoire
samuel dist a saul quil
menast son ost ou pays dama
lech et destruisist le pays en me
tant a mort hommes femmes bestes
et enffans et toutes choses por
tans vie sans riens reserver.
Saul assambla ii^{c} mil hommes
de pie et x^{m} acheual. et entra a
force en la terre damalech Et pour
ce quen ce pays avoit des gens
de Jethro qui fut beau pere de
moyse saul leur fist savoir que
ilz ississent du pays affin quilz
ne fussent occis avec les aultres
et ceulx sen issirent et se convertirent
a la loy disrael et demourerent
depuis avec eulx Quant ceulx
en furent issus saul entra ou

SAÜL COURONNÉ ROI. SAÜL VAINQUEUR DES PHILISTINS
Atelier de Guillaume Vrelant.
La Fleur des Histoires, Genève, Bibl. publ. et univ., ms. fr., 64, fol. 50vo.

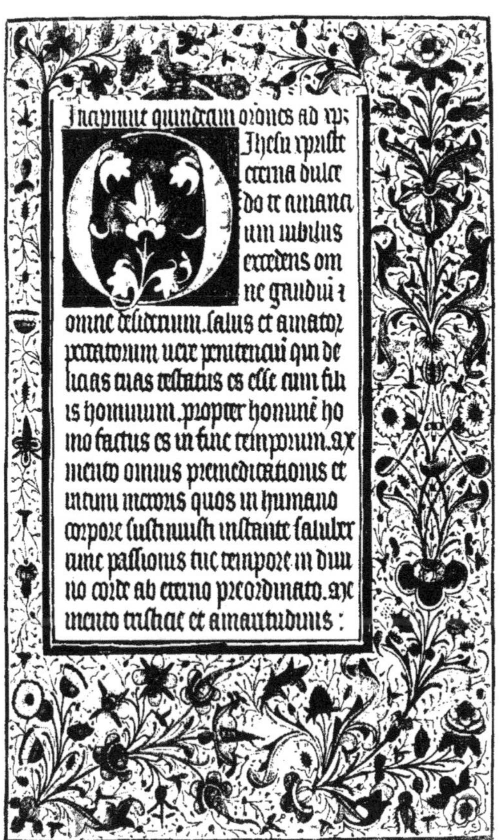

Incipiunt quindecim orōnes ad xp̄:
O Jhesu xpriste
eterna dulce
do te amanci
um iubilus
excedens om
ne gaudium et
omne desiderium. salus et amator
peccatorum uere penitenciū qui de
licias tuas testatus es esse cum fili
is hominum. propter hominē ho
mo factus es in fine temporum. me
mento omnis premeditationis et
intimi meroris quos in humano
corpore sustinuisti instante salubri
time passionis tue tempore in diui
no corde ab eterno preordinato. me
mento tristicie et amaritudinis :

INITIALE ET ENCADREMENT
Attribué à Guillaume Vrelant (?).
Heures à l'usage de Sarum ou *Heures de Catherine d'Aragon*. La Haye, Bibl. roy., ms. 76 F. 7
(anc. A. A. 264), fol. 8.

L'ÉPIPHANIE
Attribué à Guillaume Vrelant (?).
Heures à l'usage de Sarum ou *Heures de Catherine d'Aragon*. La Haye, Bibl. roy., ms. 76 F. 7 (anc. A. A. 264), fol. 69.

LA MISE AU TOMBEAU
Attribuée à Guillaume Vrelant (?).
Heures à l'usage de Sarum ou *Heures de Catherine d'Aragon*. La Haye, Bibl. roy., ms. 76 F. 7 (anc. A. A. 264), fol. 80v°.

1. LE MARTYRE DE SAINTE CATHERINE. 2. INITIALE ET ENCADREMENT.
3. CRUCIFIXION. 4. LA SALUTATION ANGÉLIQUE.
Atelier de Guillaume Vrelant.
Heures à l'usage de Rome, Londres, Victoria and Albert Museum, ms. L. 2493 - 1910,
fol. 18v°, 19, 13v et 45v.

1. L'ÉPIPHANIE 2. INITIALE ET ENCADREMENT 3. LA PENTECÔTE
4. LA FUITE EN ÉGYPTE
5. SAINT JÉRÔME AU PIED DE LA CROIX 6. INITIALE ET ENCADREMENT
Atelier de Guillaume Vrelant.
Heures à l'usage de Rome. Londres, coll. John Murray (manuscrit non folioté).

1. CRUCIFIXION 2. LA PENTECÔTE
Atelier de Guillaume Vrelant.
Livre d'Heures de Jacques de Brégilles. Londres, coll. Henry Yates Thompson, fol. 27 et 35.

1. BUSTE DU CHRIST. 2. SAINT MICHEL.
3. L'ÉLEVATION. 4. LA COMMUNION. 5. PHILIPPE LE BON EN PRIÈRE.
6. LE COURONNEMENT DE LA VIERGE.

Atelier de Guillaume Vrelant.

Livre d'Heures de Philippe le Bon. Munich, Bayerische Staatsbibliothek, cod. gall., 40, fol. 3vo, 22, 133ro, 141, 141, 173ro.

1. LA SALUTATION ANGÉLIQUE
2. LA VIERGE ET L'ENFANT JÉSUS ENTOURÉS D'ANGES
3. LA RÉSURRECTION DES MORTS 4. SERVICE FUNÈBRE

Atelier de Guillaume Vrelant.

Livre d'Heures. Naples, R. Archivio di Stato, ms. XLIX.

.J.

Monseigneur saint Jerosme dyst
ceste auctorite. Fay tousiours
aulcune chose de bien adfin que
le dyable ne te puist trouuer oi
seus. Et monseigneur saint au
gustin dist ou liure de loeuure
des moines que nul homme puissant de labourer
ne doit estre oiseux. Pour la quelle chose quant
Je euz parfait le mirouer des hystoires du monde
et translate de latin en francois a la requeste de
tres puissant et noble dame madame Jehanne de

COPISTE AU TRAVAIL.
Atelier de Guillaume Vrelant.
La Légende dorée. New-York, Bibl. Pierpont Morgan, ms. 458, t. I, fol. 1.

Pierre dyacre estoit de pierre dyacre.
tenu en chartre du prevost archemien
du quel la fille estoit tormentee du
dyable pour la quelle chose il ploroit
et se dementoit merveilleusement. Si lui dist le benoit
pierre. Se tu creusses en dieu ta fille seroit tantost
garie. Au quel archemien dist. Je me merveille
par quelle raison ton dieu porroit delivrer ma fille
le quel ne te peut pas delivrer tu qui seuffres tant
pour lui. Et lors lui dist le benoit pierre. Mon
Dieu est tout puissant de moy delivrer. mais il
veult que par passion qui est transitoire nous

LE MARTYRE DE SAINT PIERRE « DIACRE »
Atelier de Guillaume Vrelant.
La Légende dorée. New-York, Bibl. Pierpont Morgan, ms. 458, t. III, fol. 271 (anc. t. II, fol. 1).

Chrisant fu filz dun tres noble homme le
quel estoit nomme polim. Mais quant
le pere vit que son filz estoit introduit a
la foy Jhesucrist et quil vit quil ne le
povoit rapeler aux ydoles. Il commanda quil feust enfer
me la il mist .v. pucelles avec lui pour le retraire par
leurs belles parolles. Et lors il depria dieu quil ne feust
sourmonte de nulle charnelle convoitise. Et tantost
ces pucelles feurent si assommees et eurent si grant
voulente de dormir quelles ne beurent ne mengerent.
Mais si tost comme elles furent dehors elles beurent et
mengerent tres bien. Et lors une moult sage vierge
la quelle estoit nommee daria sanoblir de vesteure aussi
comme selle eust este deesse et pria que len la laissast en
trer avec crisant et quelle le rendroit a son pere et aux

CHRYSANTE ET DARIA. — LES CINQ PUCELLES. — CHRYSANTE ET DARIA ENTERRÉS VIVANTS.

LA TRINITÉ ET LE CHÂTIMENT DES ANGES REBELLES
Attribué à Guillaume Vrelant (?).
Le Miroir Historial, Paris, Bibl. nat., ms. fr. 308, fol. 13.

THÉODOSE LE GRAND DEVANT CONSTANTINOPLE
Atelier de Guillaume Vrelant.
Le Miroir Historial. Paris, Bibl. nat., ms. 310, fol. 2.

JEAN MIÉLOT PRÉSENTANT SON MANUSCRIT A PHILIPPE LE BON

Atelier de Guillaume Vrelant.

La Vie de sainte Catherine. Paris, Bibl. nat., ms. fr., 6449, fol. 5.

CONSTANCE ACCORDE LA LIBERTÉ AUX CHRÉTIENS
Atelier de Guillaume Vrelant.
La Vie de sainte Catherine. Paris, Bibl. nat., ms. fr., 6449, fol. 11vo.

Du mariage du roy costus / et de la royne sabinelle le pere et mere de sce katherine

Quant la mere du roy costus fu trespassee de ce siecle / ledit costus par le co[n]seil de son pere qui vivoit ancores

MARIAGE DU ROI COSTUS ET DE LA REINE SABINELLE
Atelier de Guillaume Vrelant.
La Vie de sainte Catherine. Paris, bibl. nat., ms. fr., 6449, fol. 17.

De la natiuite de sainte katherine
et coment elle fu introduite en lres.
Le roy costus engendra
de sa ditte femme nomee
Sabinelle une siene seule
fille appellee katherine
a laquelle sa mere fist aprendre lart
de ouurer de soye / quelle aprint si

LA NAISSANCE DE SAINTE CATHERINE
Atelier de Guillaume Vrelant.
La Vie de sainte Catherine. Paris, Bibl. nat., ms. fr., 6449, fol. 18.

ARBRE GÉNÉALOGIQUE
Attribué à Guillaume Vrelant (?).
Paris, Musée du Louvre, cabinet des dessins, miniature n° 1698.

Pource que par le recort et ramembrance des
nobles emprinses et fais darmes conquestes
et vaillandises faittes et acheuees par les
vaillans puissans et nobles hômes du
temps ancien et par ci devant passe les cuers
les cuers des nobles et vaillans hômes du
temps present desirans et vuellans attaindre le haute et
excellente vertu de proesse et de bonne renommee. Sont es
meu et esleue et plus en parsont Inatte a toute honneur et
perfection. Et aussi a tout certain entendement de raison

JEAN WAUQUELIN PRÉSENTE SON MANUSCRIT A PHILIPPE LE BON
Atelier de Guillaume Vrelant.
Histoire du bon roi Alexandre. Paris, Petit-Palais (Collection Dutuit), ms. 456, fol. 7.

Du pere z de la mere du noble roy alixan
de leurs meurs et condicions

Ce doncques pour avoir declaracion qui fu et dont
issi ce tant noble roy alixandre puissant z vaillāt
Il est vraie que iadis ot vng roy en la terre de grece
qui sappelloit phelippe z estoit roy de macedone de toute
aleuir de lune des parties de grece z de toute esclavonnie
Le quel en sa ionesse fu asses cremus z redoubtez biē amez
z bien prisiez de tous ses voisins si non devancins eulx
Comme fu le roy m[illegible] du quel nous parlerons cy apres

LE MARIAGE DE PHILIPPE DE MACÉDOINE
Atelier de Guillaume Vrelant.
Histoire du bon roi Alexandre. Paris, Petit Palais (Collection Dutuit), ms. 456, fol. 8.

de cest oef se rompy. Et tantost que ceste esgaygne fut rompue
Il saillit de cest oef ung tresgrant ⁊ horrible dragon ⁊ par sem
blant de tresmerueilleuse ⁊ hydeuse figure Et auec ce il luy
sembloit que toute la terre estoit aduironnee de cest dragon
hastiuemt ⁊ merueilleusement ⁊ puis finablemt il cheoit
mors ⁊ estoit boutez en une sepulture moult soudainemet
par la mort du quel serpent lair estoit si trouble q toute
la terre sembloit couuerte de tenebres dont il sen ensui
uoit ce luy sembloit grans tempestes ⁊ orages Et en ces
orages ⁊ tempestes se suilla ledit alixandre comme tous
effraiez ⁊ esbahis de son songe. Car il luy sembloit propre
ment estre ainsi come il lauoit songie. Et a tresgrant paine
le pouoient ses chambrelens rapaisier ne raffermer.

Coment le roy phe de macedoine fist assembler
plusieurs clers pour exposer la vision de son filz aliz
Ainsi comme ie vous diz estoit alixandre le jeune
bacheler en tresgrant pensee de son songe

LES CLERCS ASSEMBLÉS POUR EXPLIQUER LE SONGE D'ALEXANDRE
Atelier de Guillaume Vrelant.
Histoire du bon roi Alexandre. Paris, Petit-Palais (Collection Dutuit), ms. 456, fol. 12vo.

Comment alixandre sen ala en se cambre pour
aduiser la maniere z conduite de la guerre eprise
par lui contre le roy nicolas dermenie z comment
il encontra aristotes son maistre z des ensegnemens
quil donna au dit alixandre.

Aristotes maigres palles z mal pignies yssi de sa cha
mbre ou il avoit parfais nouuellement les livres de
logique. Et bien paroit a son visage quil avoit estudie.
Car la lumiere de nuit lavoit empaly. En son visage
navoit fors le cuir z les os. Car nulz qui bien estudie ne
peut estre cras. Et quant aristote vit alixandre qui estoit
si rouges z enflambez qui bien sembloit qui fust courou
cies il lui demanda que il avoit z de quoy il estoit troublez
Li enfant ot paour quant il vit son maistre si abaissa
sa veue vers terre z se mist a genoulx si commenca a
plorer z a soy plaindre que son pere estoit si vieux quil ne
pouoit mais sa terre deffendre ains convenoit quelle
fust serve au roy de perse.

ARISTOTE ET ALEXANDRE
Atelier de Guillaume Vrelant.
Histoire du bon roi Alexandre. Paris, Petit-Palais (Collection Dutuit), ms. 456, fol. 22.

ira fort la barbe meslee z les sourcilz moult longs. Et estoit
vestus de noir a la maniere que se vestoient a ce temps
caldiens qui estoit comme hermites. Et quant le roy
le perceut il sen vint tout a piet contre lui si le salua le
roy z puis mist a raison tant quil entendi a la parole
du preudomme que il estoit de caldee Si lui demanda le
roy en ce langaige la dont il estoit venoit z ou il aloit et
lui respondi le preudoms quil ne venoit point de trop loig
daller z quil sen aloit a ung temple de mars qui estoit en
une montaigne pres de la pour lui faire sacrifice pour
lamour dun sien frere qui avoit este occis devant gadres
quant le roy des gregois disoit il y envoia viii de ses ho
mes pour prendre z cueillir la proie Si advint que mo
frere qui la estoit fu occis par lun des combateurs du roy
le quel combateur sapelloit. Emenidus darcade Si fu
dommaige z pitie de sa mort Car il estoit bien vaillant
homme z preux aux armes.

Comment le roy alixandre fist la paix de cassamus du
laris et du duc emenidus darcade. lxe cap

ALEXANDRE FAIT LA PAIX AVEC CASSAMUS
Atelier de Guillaume Vrelant.
Histoire du bon roi Alexandre. Paris, Petit-Palais (Collection Dutuit), ms. 456, fol. 63.

Dun ymage que alixandre trouua fete a la samblance
de nectaneb; du quel raconte le devant dit vincent
en son liure. C xiv. Capitre.
Ainsi come alixandre cheuauchoit parmy le pays
de egypte il trouua vng ymage de noire pierre lequelle
ymage estoit faitte a maniere dun roy. Et quant il
vit ceste ymage il demanda aux gens du pays q
estoit ceste ymage ne de quoy elle seruoit. Sy fu qui ly
dist. treschiers redoubtes empereres il est vous que iadis et
na point bien loing tamps que il y ot vng e che
pays qui sappelloit nectanebz home sage de tous ars
magiques et ossy de toutte parfaitte astronomie ce
lestre et terrestre. Sy auint que vng roy de perse nommes
artases se prist de guerre a ly et le deffia mais ledit
nectanebus sans ce que oncques home de sa chlrie
sceust que il deuint et sen fuit et ne le peut oncques
home nulz de puis retrouuer. Et quant ly seigneur
de cest regne lorent requis et fait requerre p pluseurs

ALEXANDRE DEVANT L'IMAGE DE NECTANEBUS
Atelier de Guillaume Vrelant.
Histoire du bon roi Alexandre. Paris, Petit Palais (Collection Dutuit), ms. 456, fol. 140v°.

FERRY DE CLUGNY, ÉVÊQUE DE TOURNAI
Atelier de Guillaume Vrelant.
Missel de Ferry de Clugny. Sienne. Bibl. com., ms. X.V.I, fol. 15v°.

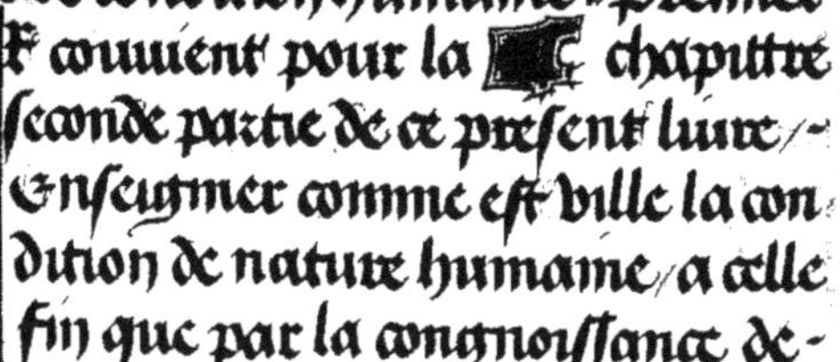

Cy commence la seconde partie de ce present
liure. Et parle tout premierement en general
de la vieulte de condition humaine. premier
Il couvient pour la chapittre
seconde partie de ce present liure
enseignier comme est ville la con
dition de nature humaine a celle
fin que par la congnoissance de
nostre condition nous ayons matiere propre et
cause souffissante pour nous humilier. Si
povons dire en la personne des pecheurs aucune

LE BAIN DE L'ENFANT
Atelier de Guillaume Vrelant.
Le Miroir d'Humilité, Valenciennes, Bibl. mun., ms. 240 (231), fol. 1 (211).

Maintenant pour la tierce partie
de ce traittie couuient declairer co̅
ment vne chascune personne pour
trouuer matiere de soy humilier
doit souuent penser et mettre deuāt
les yeulx de sa contemplation quatre choses prin
cipallement Cest assauoir les choses de dedens no⁹
Celles de dehors nous. les choses de dessoubz nous
Et celles de dessus nous. Vrayement ceste medi
tation ne puet trop souuent estre veue leue ne
ramenee a memoire pour le salut de noz ames
acquerir auquel salut acquerir doit tendre et co̅
tendre de tout son pouoir toute humaine creatu
re Et doit en ce constituer la fin de toutes ses ope
rations. A ce propoz dist nostre seigneur ihesus

« LA CRÉATION DE L'ÂME HUMAINE PAR NATURE »
Atelier de Guillaume Vrelant.
Le Miroir d'Humilité. Valenciennes, Bibl. mun., ms. 240 (231), fol. 18 (228).

chement Toutesuoyes en proces de temps elle se
dilatte et amplie par doulceur inestimable delec
tation. Comment donques na grant honte
humaine paresse quant elle congnoist que nre seignr
dieu nous veult ades plus donner que home ne pour
roit demander. Mais ne veons nous pas que dieu le
pere eternel ouquel na nulle transmutation de la seu
le Immensite de son Infinie liberalite nous a son chr
filz envoye. Ens ouquel il nous a donne tout ce quil
povoit et tout ce quil estoit sans aucune reservatio

Cy parle de quatre choses quy seulent faire de
sirer domination temporelle quy sont. Cest as
savoir honneur mondain. puissance seculere.
richesses temporelles. Et delices corporelles.

LES HONNEURS, LA PUISSANCE, LES PLAISIRS ET LA RICHESSE
Atelier de Guillaume Vrelant.
Le Miroir d'Humilité. Valenciennes, Bibl. mun., ms. 240 (231), fol. 37 (246).

Cy commence la passion de nře sauueur Jhesucrist
moult sollempnelle. Prononchie a paris en leglise
saint bernard apres disner. Par venerable et ex
cellent docteur en theologie maistre Jehan Jarson
chancellier de nostre dame de paris.
D deum vadit. Commencons ou
nous finasmes au matin. Cest que
Jhesucrist nostreseigneur et redempteur
yssi hors de lostel pylatte portant sa
croys. Helas devot peuple crestien. Cest acertes
maintenant. Icy sen va a mort amere. Jhesus devant
sa doulce mere. Si devons bien par penitance. De ce
dueil avoir ramembrance. O dieu quelle iniqte
quelle incomparable cruaulte qui oncques mais
ouy dire que ung homme condempne tant fust pe
cheur abhominable fust constraint a porter son gibet

JEAN GERSON PRÊCHANT LA PASSION

Atelier de Guillaume Vrelant.

Le Miroir d'Humilité. Valenciennes, Bibl. mun., ms. 240 (231), fol. 117 (319).

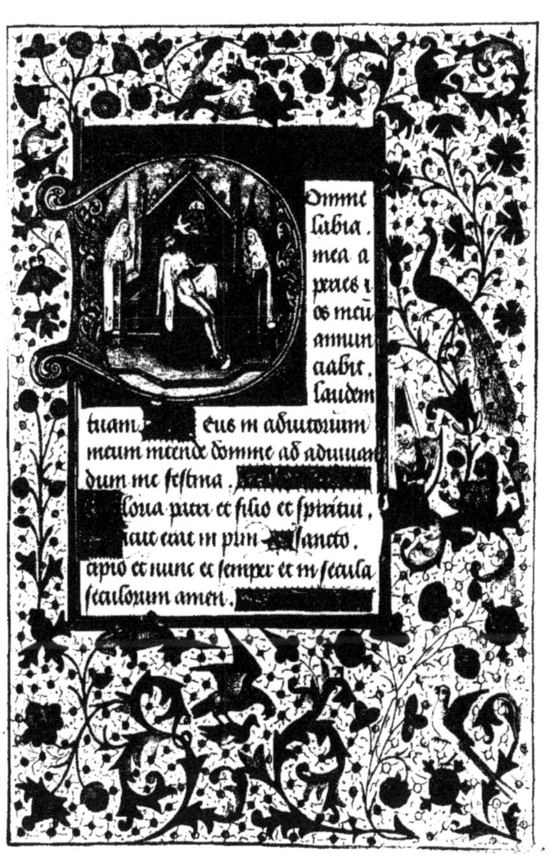

LA TRINITÉ
Atelier de Guillaume Vrelant.
Livre d'Heures de Charles le Téméraire. Vienne, Bibl. nat., ms. 1857, fol. 51.

1. LA PENTECÔTE
2. LA VIERGE ET L'ENFANT JÉSUS ENTOURÉS D'ANGES
3. LA SALUTATION ANGÉLIQUE 4. LA VISITATION

Atelier de Guillaume Vrelant.

Livre d'Heures. Vienne, Bibl. nat., ms. 1987, fol. 22vo, 30vo, 44vo, 66vo.

1. LE MARTYRE DE SAINT SÉBASTIEN 2. BUSTE DU CHRIST
3 et 4. PERSONNAGES EN PRIÈRE
Atelier de Guillaume Vrelant.
Livre d'Heures. Vienne, Bibl. nat., ms. 1987, fol. 220 vo, 230 vo, 233 vo, 241 vo.

1. LE CHRIST BÉNISSANT. 2. LA PENTECÔTE. 3. CRUCIFIXION.
4. LA SALUTATION ANGÉLIQUE

Atelier de Guillaume Vrelant.

Livre d'Heures. Vienne, Bibl. nat., Fidei-Kommiss-Bibl., ms. 2757, fol. 15vo, 18vo, 25vo, 59vo.

1. LA SALUTATION ANGÉLIQUE. 2. L'ANNONCE AUX BERGERS.
Atelier de Guillaume Vrelant.
Livre d'Heures de Guillaume de Montfort. Vienne, Bibl. nat., Fidei-Kommiss-Bibl., ms. 7978, fol. 25ro et 48ro.

Pour ce que plusieurs a la relation daucuns
sans avoir certaine congnoissance de la
verite des matieres ou a lappetit des
parties ausquelles ilz sont plus affectionnez
parlent des questions et debats qui ia par longz
temps ont este et encores durent entre les roys
et royaumes de france et dangleterre tant a cause
des drois pretendus et que chascune desdictes pties

CONFÉRENCE DE DIPLOMATES
Elève ou imitateur de Guillaume Vrelant.
Les prétentions anglaises à la Couronne de France, Bruxelles, Bibl. roy., ms. 9469-9470, fol. 1.

Nous avons par escript que
les saiges hommes degypte
furent nez des lignaiges aux
dieux. car par leur subtil engin Ilz
mesurerent la grandeur de la terre
par le cours des estoilles ou ilz prenoiet

ALEXANDRE CHEVAUCHANT A TRAVERS SON EMPIRE

Attribué à Guillaume Vrelant (?).

Histoire du fort roy Alexandre. Bruxelles, Bibl. roy., ms. 11104-11105, fol. 10.

LETTRE D'ALEXANDRE A ARISTOTE

Attribué à Guillaume Vrelant (?).

Histoire du fort roy Alexandre. Bruxelles, Bibl. roy., ms. 11104-11105, fol. 66.

1. LA VIERGE ET L'ENFANT JÉSUS 2. LA VISITATION
Elève ou imitateur de Guillaume Vrelant.
Livre d'Heures. Dresde, Sächsische Landesbibliothek, ms. A. 178, fol. 24vo et 86vo.

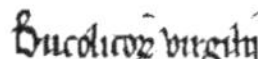

SILENE ENDORMI

Élève ou imitateur de Guillaume Vrelant.

Virgile. *Bucoliques*. La Haye, Bibl. roy., ms. 76 E. 21, t. I, fol. 27 v°.

Turnus ut infractos adverso marte latinos
Defecisse videt sua nunc promissa reposci
Se signari oculis ultro implacabilis ardet
Attollitque animos penorum qualis in arvis
Saucius ille gravi venantum vulnere pectus
Tum demum movet arma leo gaudetque comantes

LA MORT DE TURNUS
Élève ou imitateur de Guillaume Vrelant.
Virgile. *Enéide*. La Haye, Bibl. roy., ms. 76 E. 21, t. III, fol. 231.

LA SAGESSE DIVINE ET LE DISCIPLE
Elève ou imitateur de Vrelant (?).
Traités ascétiques. Munich, Bayerische Staatsbibliothek, cod. gall. 28, fol. 1.

MALADE A SON LIT DE MORT
Élève ou imitateur de Guillaume Vrelant (?).
Traités ascétiques. Munich, Bayerische Staatsbibliothek, cod. gall. 28, fol. 5 v°.

51

Cy apres sensuit vng petit traittie ou ql
Il enseigne aux creatures la maniere
de viure en estat de grace.
Quiconques se veult mettre
de lestat de pechie en estat
de grace et de vertu / et auf
si en la voye de saluation / et que ses

LA PÉNITENCE
Élève ou imitateur de Guillaume Vrelant (?).
Traités ascétiques. Munich, Bayerische Staatsbibliothek, cod. gall. 28, fol. 51.

1. L'ENRÔLEMENT DES ESCLAVES APRÈS LA BATAILLE DE CANNES.
2. VIEILLARD BÊCHANT SON JARDIN.
Élève ou imitateur de Guillaume Vrelant.
Valère Maxime. Paris, Arsenal, ms. 5196, fol. 310 et 357vo.

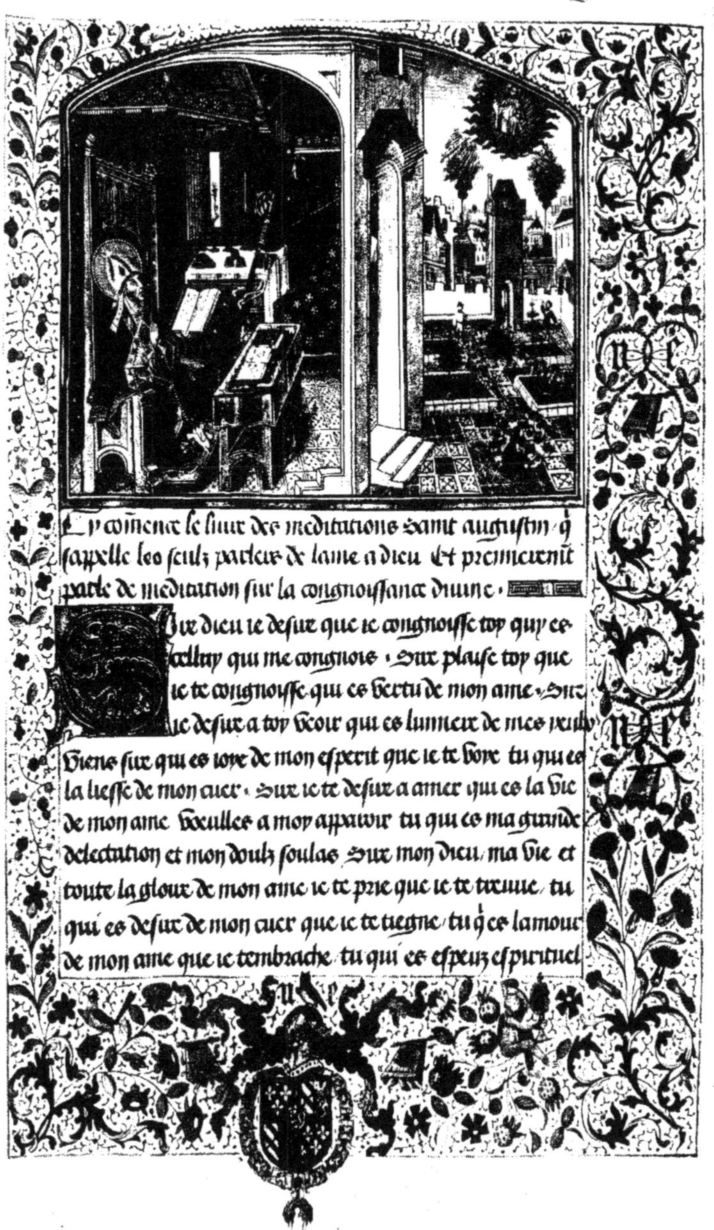

Cy commence le liure des meditations saint augustin q(ui)
sappelle les seulz parlers de lame a dieu. Et premierem(en)t
parle de meditation sur la congnoissance diuine.

Sire dieu ie desire que ie congnoisse toy qui es
celluy qui me congnois. Sire plaise toy que
ie te congnoisse qui es vertu de mon ame. Sire
ie desire a toy veoir qui es lumiere de mes yeulx.
Viens sire qui es ioye de mon esperit que ie te voye tu qui es
la liesse de mon cuer. Sire ie te desire a amer qui es la vie
de mon ame. Vueilles a moy apparoir tu qui es ma grande
delectation et mon doulz soulas. Sire mon dieu, ma vie et
toute la gloire de mon ame ie te prie que ie te treuue, tu
qui es desire de mon cuer que ie te tiegne, tu q(ui) es lamour
de mon ame que ie tembrache, tu qui es espeux espirituel

SAINT AUGUSTIN
Elève ou imitateur de Guillaume Vrelant.
Méditations de saint Augustin. Bruxelles, Bibl. roy., ms. 9297-9302, fol. 5.

PERSONNAGE ASSIS DEVANT UN PUPITRE
Élève ou imitateur de Guillaume Vrelant.
Méditations de saint Augustin, Bruxelles, Bibl. roy., ms. 9297-9302, fol. 73.

1. SEIGNEUR ET DAME A GENOUX DEVANT LE SAINT-SACREMENT
2. LA MORT DE LA VIERGE
Élève ou imitateur de Guillaume Vrelant (?).
Heures à l'usage de Rome. Paris, Bibl. Arsenal, ms. 652, fol. 49vo et 131vo.

1. LA SALUTATION ANGÉLIQUE. 2. LA PENTECÔTE.
3. LE COURONNEMENT DE LA VIERGE. 4. SERVICE FUNÈBRE.
Elève ou imitateur de Vrelant (?).
Heures à l'usage d'Utrecht. Utrecht, Musée archiep., ms. 18, fol. 21ro, 108vo, 130vo, 179ro.

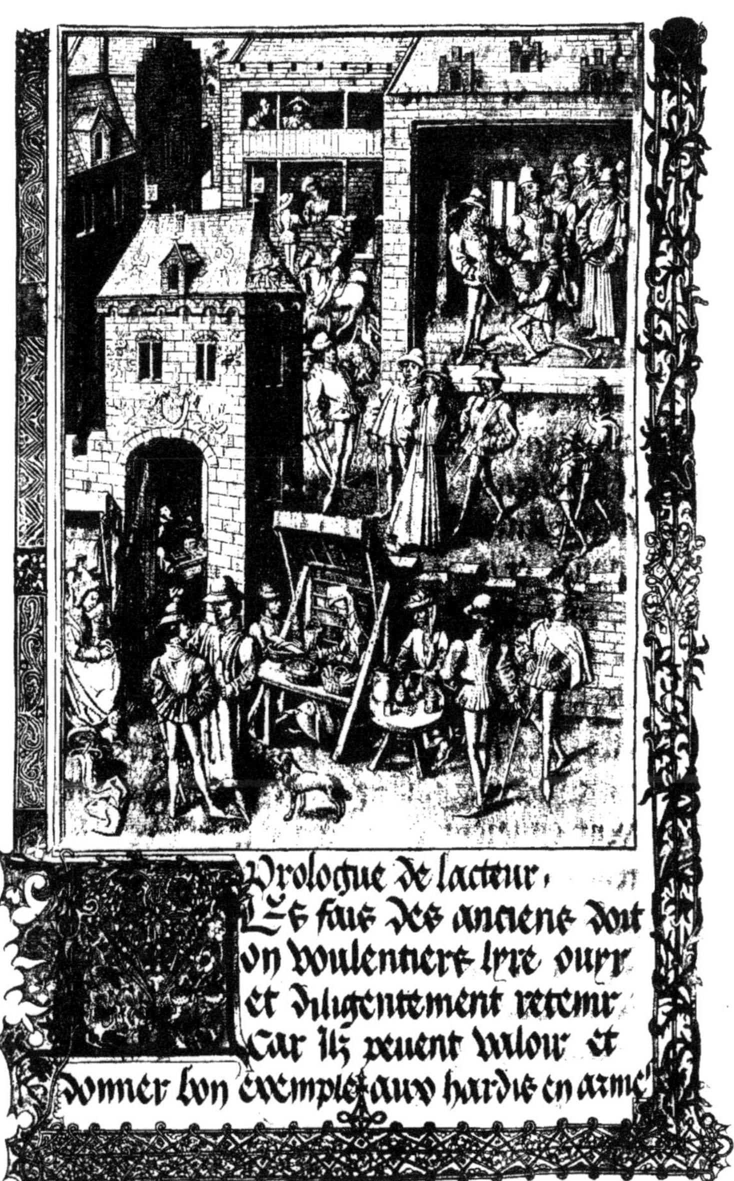

ENTRÉE D'UNE VILLE. — PRÉSENTATION D'UN MANUSCRIT
A PHILIPPE LE BON
par Jean Tavernier.

Les Conquêtes de Charlemagne, Tome I. Bruxelles, Bibl. roy., ms. 9066, fol. 11.

en plus de vingt lieux. ¶ Audit lieu daix
fut premierement estably par charlemaine
le lendy qui de present est a saint denis en frace
Mais qui le transmua listoire nen fait point
de mention / ainchois conclusion final met que
ces choses acomplies / lempereur auec ses prin
ces retourna a paris ou len fist si grant ioie de
sa venue que nul ne le diroit / et fu plus ioieux
que piecca nauoit este / car il trouua la royne sa
femme en bon point / si fist il charlot son filz / et
toutes ses besongnes en bon estat. Si fault icy
ceste matiere / et retourne a une autre qui devise.

Comment le noble charlemaine ala contre
gaufroy de danemarche qui lui bailla son filz
ogier en hostage par le conseil de sa seconde feme /

GEOFFROY DE DANEMARK LIVRANT SON FILS OGIER EN OTAGE
A CHARLEMAGNE
par Jean Tavernier.
Les Conquêtes de Charlemagne. Tome I. Bruxelles, Bibl. roy., ms. 9066, fol. 164vo.

Ains le recupt et mena ou chastel de saint
omer Si se taist a tant listoire de ce et dist

Comment Charlemaine envoia ses messai
ges devers gauffroy de dampnemarche lesqlz
Il fist deffigurer ou despit de lempereur

Histoire dist que quant le puissant
Charlemaine eut chargie son mes
sage aux quatre chevaliers devât
ditz Ilz prindrent congie aux barons puis se
mirent a chemin et tant exploiterent par terre
et par mer quilz arriverent a beauffort ou le
roy estoit avec la roine et pluiseurs barons de
son pays. A celle heure estoient assis a table
et comencoient a disner quant vng des officiers
vint dire au roy que les messagiers de charles

LES MESSAGERS DE CHARLEMAGNE DEVANT GEOFFROY DE DANEMARK
par Jean Tavernier.
Les Conquêtes de Charlemagne. Tome I. Bruxelles, Bibl. roy., ms. 9066, fol. 169v°.

de leaue / Et quant ogier vey la belle damoiselle
auec les deux cheualiers / Il eut souuenance des
siennes premieres amours / Et dist en son coeur
quil ayme mieulx morir en la payne quil ne la cō
quere par armes honnourablement. /

Charlot et ogier passerent leaue pōr
aler en lysle ou les cheualiers les atē
doient / et premier les apperceu sadoine
qui se leua en son estant et dist a caraheu / Mon
tez sire / car vecy ceulx a qui nous auons a beson
gnier / Il baisa la damoiselle laquele il recōmanda
en la garde de ses dieux. / Et quant ogier vey
que il fu monte / Il haulca la main sans mot dire

Cōment charlot filz charlemaine se combatr alencontre dun paien nōme sadoine / Et ogier de danemarche alencontre de caraheu / Et cōment ogier fu prisonnier aux paiens. /

COMBATS SINGULIERS DE CHARLOT ET DE SADOINE
D'OGIER ET DE CARAHEU
par Jean Tavernier.
Les Conquêtes de Charlemagne. Tome I. Bruxelles, Bibl. roy., ms. 9066, fol. 209vo

Comment la crimmelle bataille commenca.
Cellui Japher estoit grant fier et tres
puissant lequel avoit veu verser le
roy mandaquin qui estoit de son parēte
Si avoit grant desir de le vengier mais il ne sa
uoit pas a qui il avoit a besongnier Il deman
da lottroy davoir le premier coup de la jouste
et ulien ne lui deigna refuser et adont sappresta
Japher pour commencer la bataille. Tantost que
rolant qui sestoit la rettrait avecques ogier et
le duc nammes et les trois cheualiers lapercut
Il acolla son escu coucha sa lance qui estoit forte
et roide et piqua son cheual des esperons en
courant contre Japher quil ne failly pas a le

ROLLAND DANS LA MÊLÉE
par Jean Tavernier.
Les Conquêtes de Charlemagne. Tome I. Bruxelles, Bibl. roy., ms. 9066, fol. 334.

O deuote oroison a nre dame
Excellentissima et glori
osissima atqz sanctissima
virgo semper maria mater domini
nostri ihū xpi domina mea regina
et domina totius creature que nullū
derelinquis nullum despicias nullum
desolatum dimittis qui ad te bono et
puro corde humiliter et deuote recur

LA SALUTATION ANGÉLIQUE

Atelier de Jean Tavernier.

Livre d'Heures de Philippe le Bon. La Haye, Bibl. roy., ms. 76 F. 2, fol. 10.

Sancta maria mater domi
ni nostri ihesu xpristi dulcis
sima in manus eiusdem filii tui dul
cissimi et in tuas commendo hodie et
in omni tempore animam meam
corpus meum cogitationes et locu
tiones meas visum meum oculos
meos et omnia membra mea om
nes actus meos et opera mea et

LA NATIVITÉ
Atelier de Jean Tavernier.
Livre d'Heures de Philippe le Bon. La Haye, Bibl. roy., ms. 76 F. 2, fol. 12.

et bien appartenant justice est bien
acoustumee a ta clemence. Quele
chose est ihs senon sauveur donc ihs
qui mas sauve ne sueffre point que
je perisse. Tu qui mas rachate ne me
condempne pas. Qui mas cree par
ta bonte ne soit pery ton euvre par
mon iniquite. Recongnois doncques
en moy ce qui est tien et nettoie tout
ce qui est estrange. Amen. Cy

sensuit une bri
efve meditati
on de la passion
nre s. et cha
scune fois que
on la dist on
gaigne xxx
jours de pdon
& fu faitte lan
mil iiij c. lxv.

LA RÉSURRECTION
Atelier de Jean Tavernier.
Livre d'Heures de Philippe le Bon. La Haye, Bibl. roy., ms. 76 F. 2, fol. 33.

LA TRINITÉ
Atelier de Jean Tavernier.
Livre d'Heures de Philippe le Bon. La Haye, Bibl. roy., ms. 76 F. 2, fol. 54.

LA PENTECÔTE
Atelier de Jean Tavernier.
Livre d'Heures de Philippe le Bon. La Haye, Bibl. roy., ms. 76 F. 2, fol. 72.

LA SALUTATION ANGÉLIQUE
Atelier de Jean Tavernier.
Livre d'Heures de Philippe le Bon. La Haye, Bibl. roy., ms. 76 F. 2, fol. 116.

LA NATIVITÉ
Atelier de Jean Tavernier.
Livre d'Heures de Philippe le Bon. La Haye, Bibl. roy., ms. 76 F. 2, fol. 139.

ENSEVELISSEMENT D'UN MORT
Atelier de Jean Tavernier.
Livre d'Heures de Philippe le Bon. La Haye, Bibl. roy., ms. 76 F. 2, fol. 169.

Memoire de la vraye croix.
O Crux splendidior
cunctis astris mūdo
celebris hominibz mul
tum amabilis sanctior
universis que sola fuisti digna
portare talentū mūdi dulce lignū

CRUCIFIXION
Atelier de Jean Tavernier.
Livre d'Heures de Philippe le Bon. La Haye, Bibl. roy., ms. 76 F. 2, fol. 242.

645

299

Ci commencent les xv joies de
nostre dame mere de dieu
Doulce dame de mise
ricorde mere de pitie
fontaine de tous biens
qui portastes messeigr
Jhucrist neuf mois en voz precieux
flancs et le alaitastes de voz doulces
mamelles. Belle tres doulce dame
je vous cry mercy et vous prie que

PHILIPPE LE BON A GENOUX AUX PIEDS DE LA VIERGE
Atelier de Jean Tavernier.
Livre d'Heures de Philippe le Bon. La Haye, Bibl. roy., ms. 76 F. 2, fol. 299.

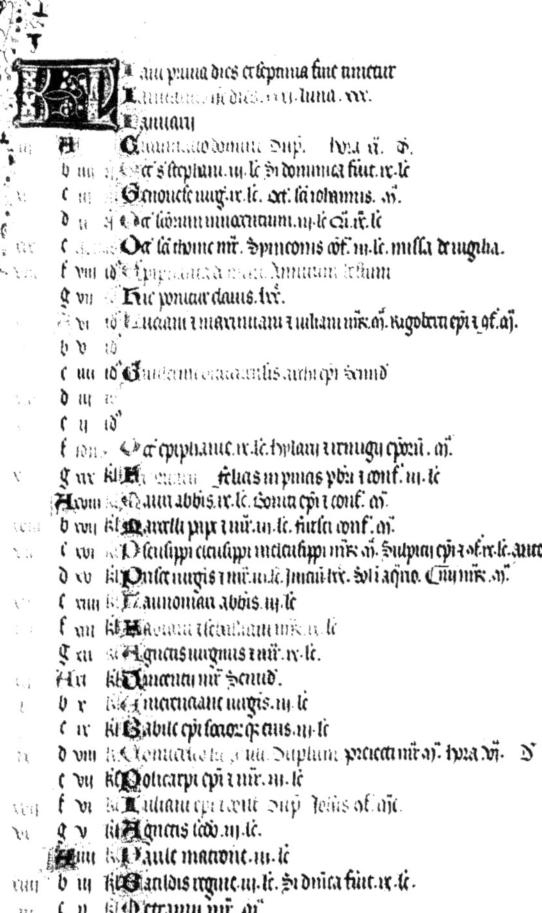

CALENDRIER DE PARIS : JANVIER

Bréviaire de Philippe le Bon. Bruxelles, Bibl. roy., ms. 9511, fol. 244v°.

KL Quarta subit mortem prosternit tertia fortem. Ac februi quarta est precedit tertia finem. Februarius habet dies xxviii. luna xxix. et si bissextus fuerit supra additur unus.

d Kl. Ignacii epi et mr. iii. lc. Brigide virginis. an.
e iiii N. Purificacio beate marie. Duplum
f iii N. Blasii epi et mr. ix. lc.
g ii N. hora viii. D.
A Nonas. Agathe virginis et mr. ix. lc.
b viii id. Vedasti et amandi epõrum. iii. lc.
c vii id.
d vi id. Obit⁹ Roberti comitis atrebat. Innocen. xl.
e v id.
f iiii id. Scolastice virginis. iii. lc.
g iii id.
A ii id. Eulalie virginis et mr. an.
b Idus.
c xvi kl. Marcii. Valentini mr. iii. lc.
d xv kl. Sol in piscibus
e xiiii kl.
f xiii kl. Ultimus terminus lxx.
g xii kl. Adam hic peccavit
A xi kl.
b x kl.
c ix kl. Ultima lxx.
d viii kl. Cathedra sancti petri. ix. lc. Innocens
e vii kl.
f vi kl. Mathie apostoli. ix. lc. Locus bisexti quarta feria cinerum
g v kl.
A iiii kl. hora x. D.
b iii kl. Honorine virginis et mr.
c ii kl.

CALENDRIER DE PARIS : FÉVRIER

Bréviaire de Philippe le Bon. Bruxelles, Bibl. roy., ms. 9511, fol. 245.

Primus mandentem disrumpit quarta bibentem

Martius primo necat cuius sub cuspide quarta est

Martius habet dies. xxxi. luna. xxx.

iii d Albini epi et conf. an. hic mutantur concurrentes. D

e vi n

xi f v n

g iiii n

xix A iii n

viii b ii n

c Nonas. Perpetue et felicitatis. an.

xvi d viii id.

v e vii id.

f vi id.

xiii g v id. Clanus palme

ii A iiii id. Gregorii pape duplum.

b iii id.

x c ii id.

d Idus.

xviii e xvii kl. A pulis

vii f xvi kl. Gertrudis virginis. an.

g xv kl. Primus dies seculi. Sol in ariete

xv A xiiii kl.

iiii b xiii kl. Equinoctium

c xii kl. Benedicti abbis. ix. lc.

xii d xi kl. Nonum pascha sedes queritur. hic capit ad decemnovenalis

i e x kl. Adam creatus est

f ix kl. Locus concurrentium

ix g viii kl. Annunciatio dnica. duplum. Crucifixio dni

A vii kl.

xvii b vi kl. Resurrectio dni. Annuale festum

vi c v kl. D

d iiii kl.

xiiii e iii kl. Post martis nonas ubi primum luna notatur

iii f ii kl. Bis septem numerate dies ut pascha sequatur

CALENDRIER DE PARIS : MARS

Bréviaire de Philippe le Bon. Bruxelles, Bibl. roy., ms. 9511, fol. 245vo.

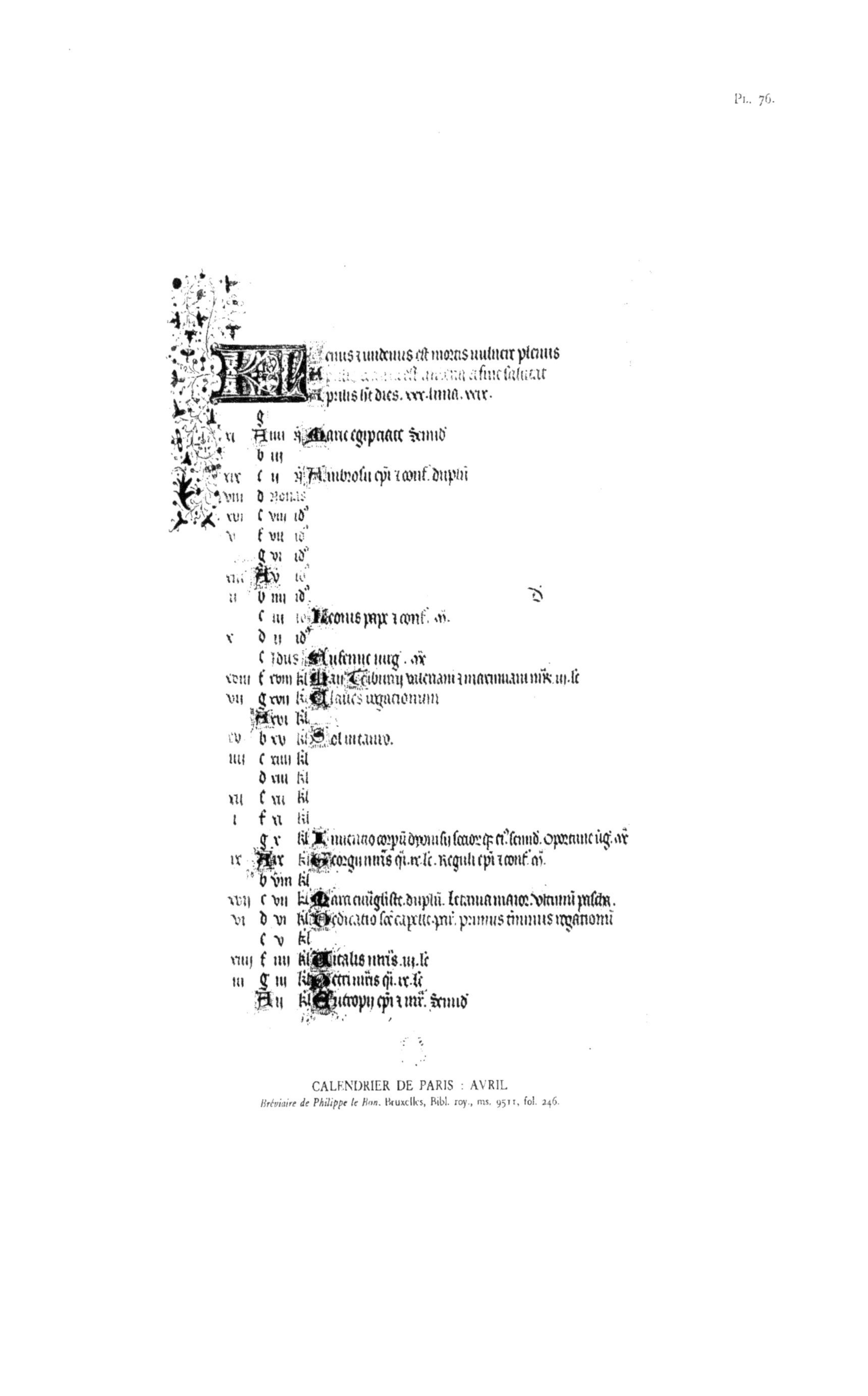

CALENDRIER DE PARIS : AVRIL

Bréviaire de Philippe le Bon. Bruxelles, Bibl. roy., ms. 9511, fol. 246.

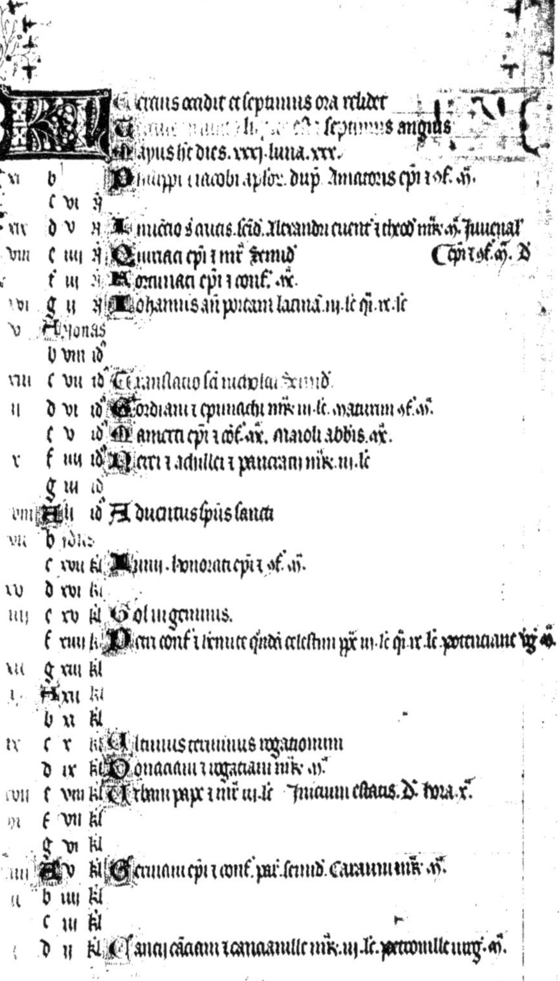

CALENDRIER DE PARIS : MAI

Bréviaire de Philippe le Bon. Bruxelles, Bibl. roy., ms. 9511, fol. 246v°.

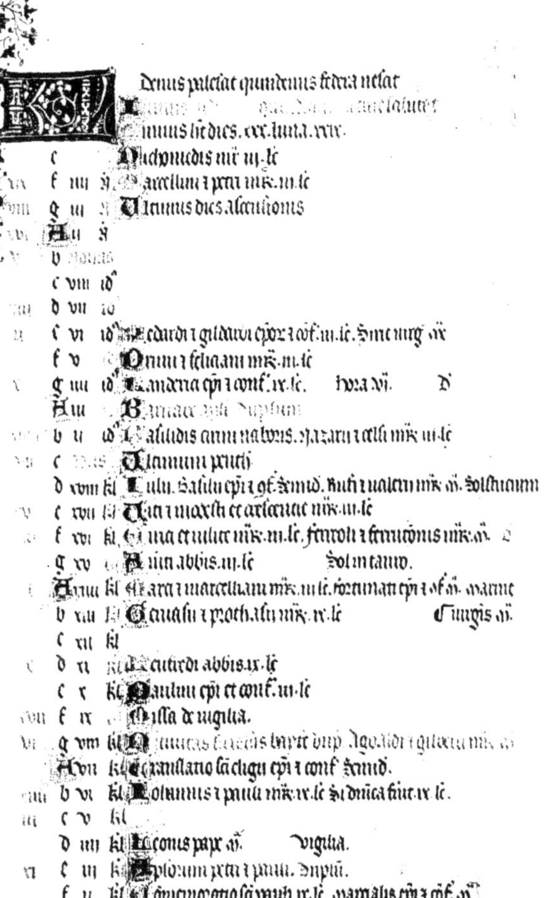

CALENDRIER DE PARIS : JUIN

Bréviaire de Philippe le Bon. Bruxelles, Bibl. roy., ms. 9511, fol. 247.

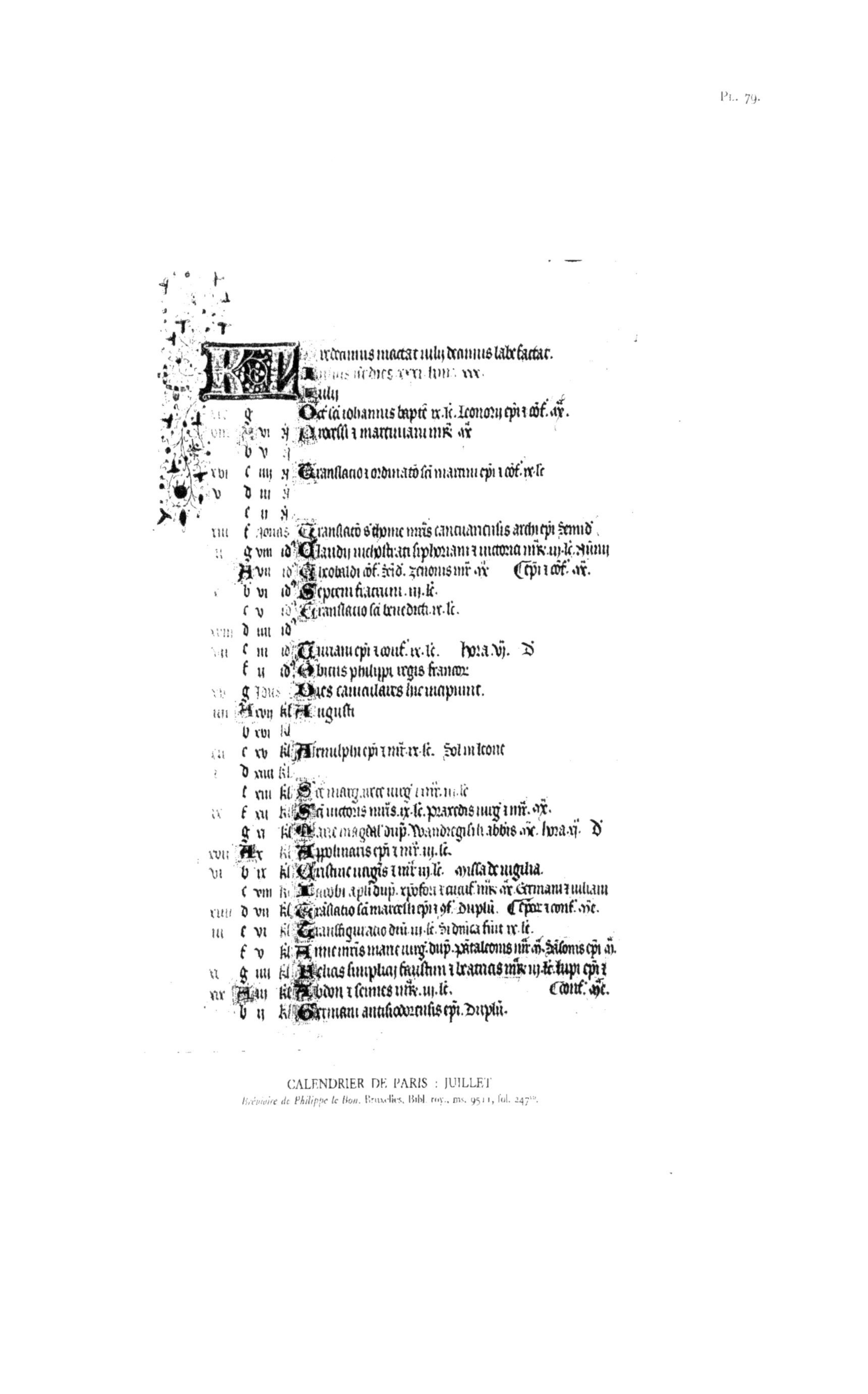

CALENDRIER DE PARIS : JUILLET

Bréviaire de Philippe le Bon. Bruxelles, Bibl. roy., ms. 9511, fol. 247vo.

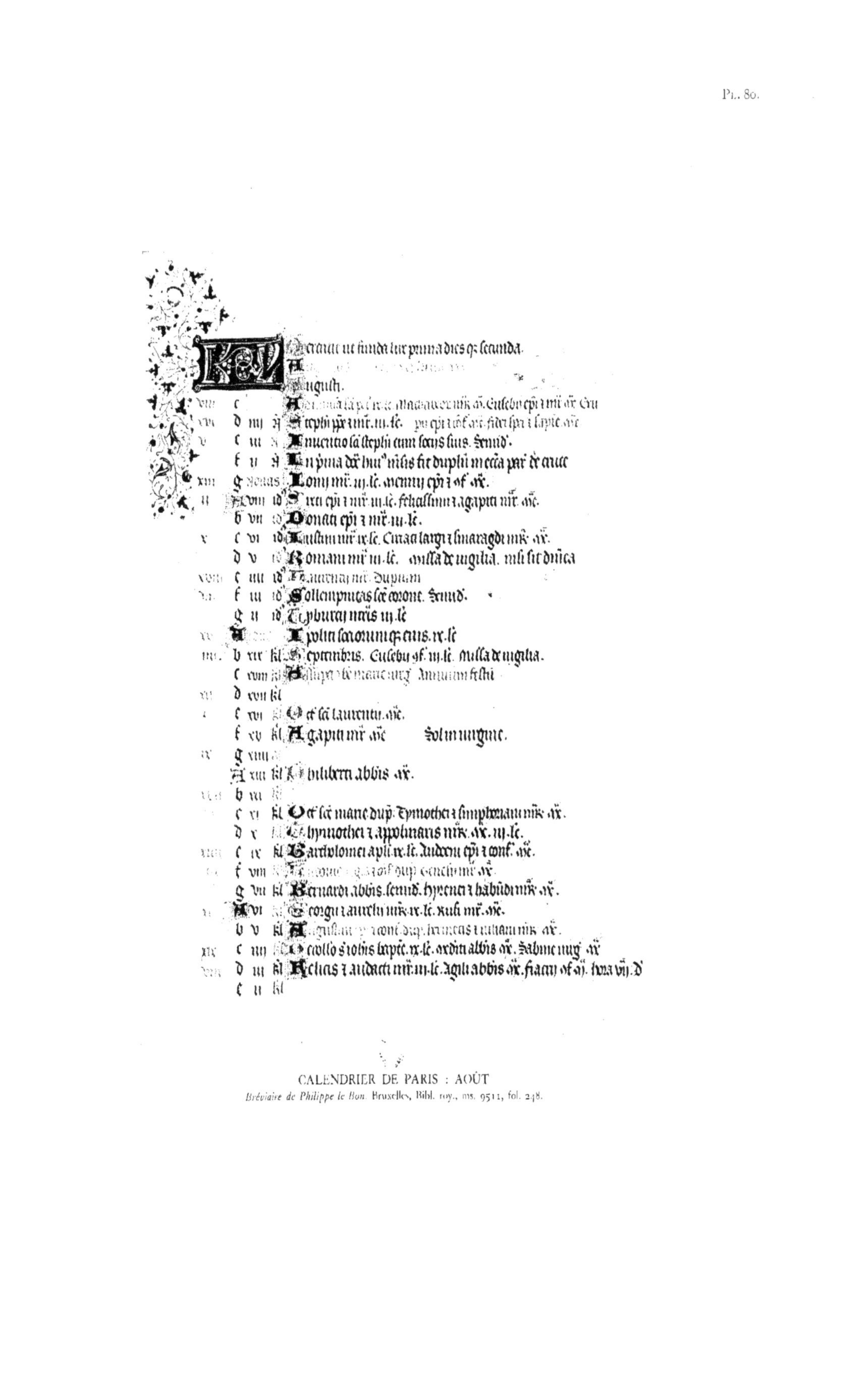

CALENDRIER DE PARIS : AOÛT

Bréviaire de Philippe le Bon. Bruxelles, Bibl. roy., ms. 9511, fol. 248.

CALENDRIER DE PARIS : SEPTEMBRE

Bréviaire de Philippe le Bon. Bruxelles, Bibl. roy., ms. 9511, fol. 248ro.

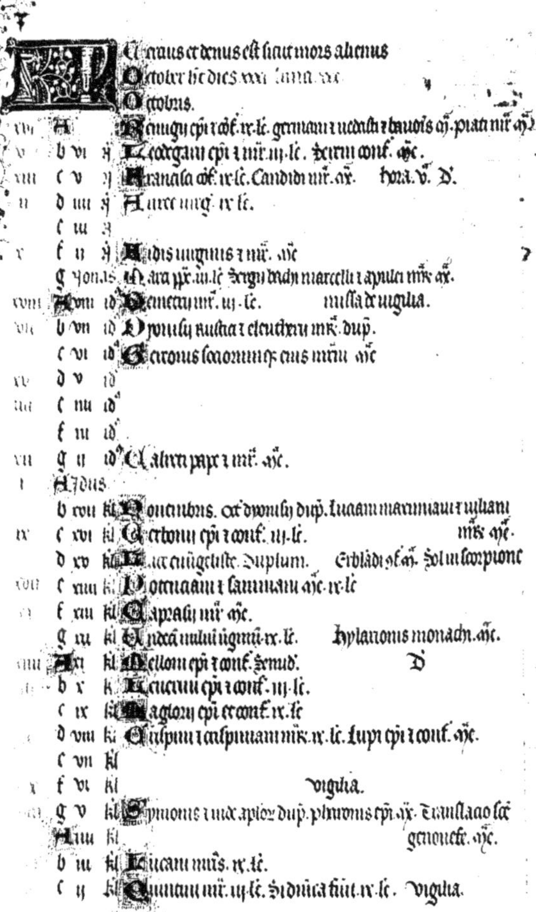

CALENDRIER DE PARIS : OCTOBRE

Bréviaire de Philippe le Bon. Bruxelles, Bibl. roy., ms. 9511, fol. 249.

CALENDRIER DE PARIS : NOVEMBRE

Bréviaire de Philippe le Bon. Bruxelles, Bibl. roy., ms. 9511, fol. 249vo.

CALENDRIER DE PARIS : DÉCEMBRE

Bréviaire de Philippe le Bon. Bruxelles, Bibl. roy., ms. 9511, fol. 250.

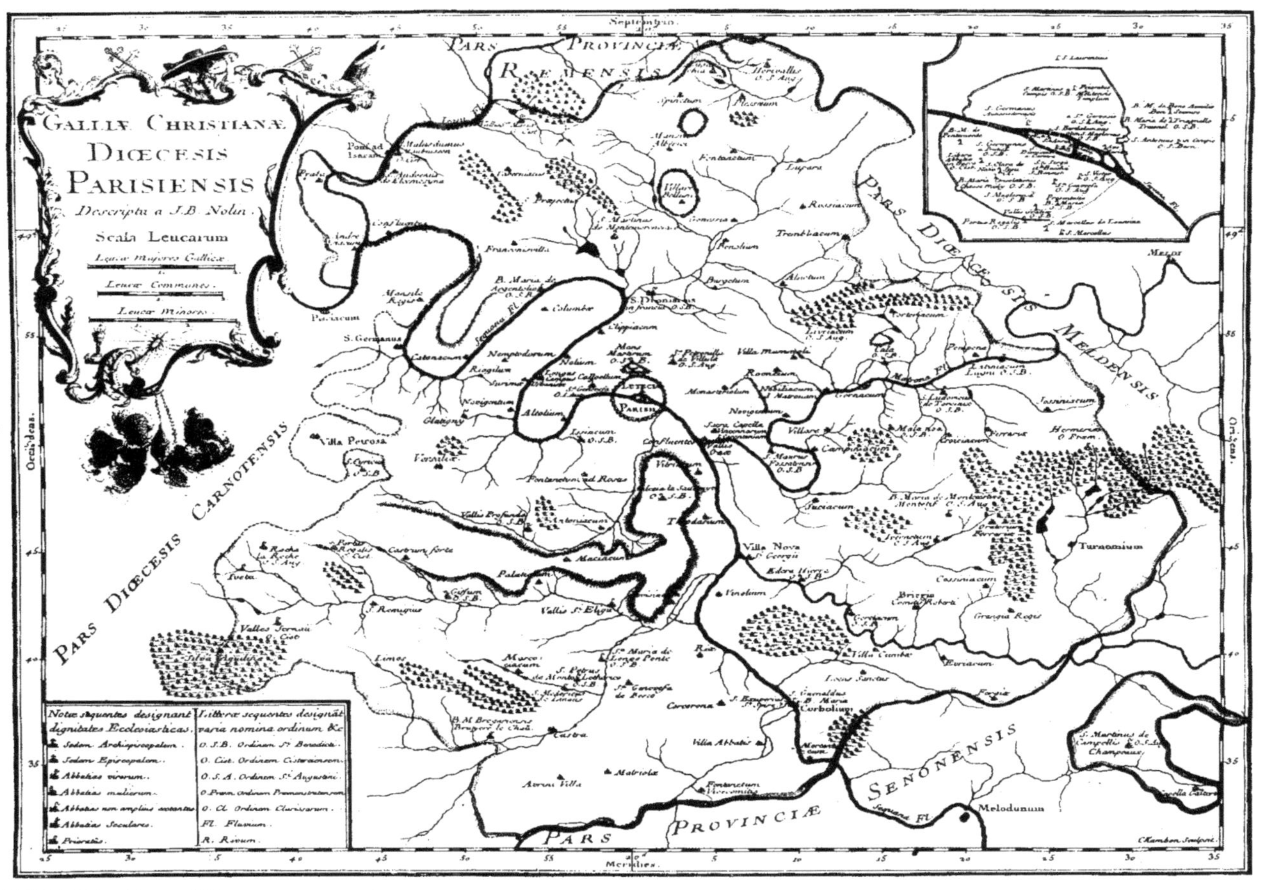

LE DIOCÈSE DE PARIS AU XVIIIe SIÈCLE
d'après la *Gallia christiana* (1744).

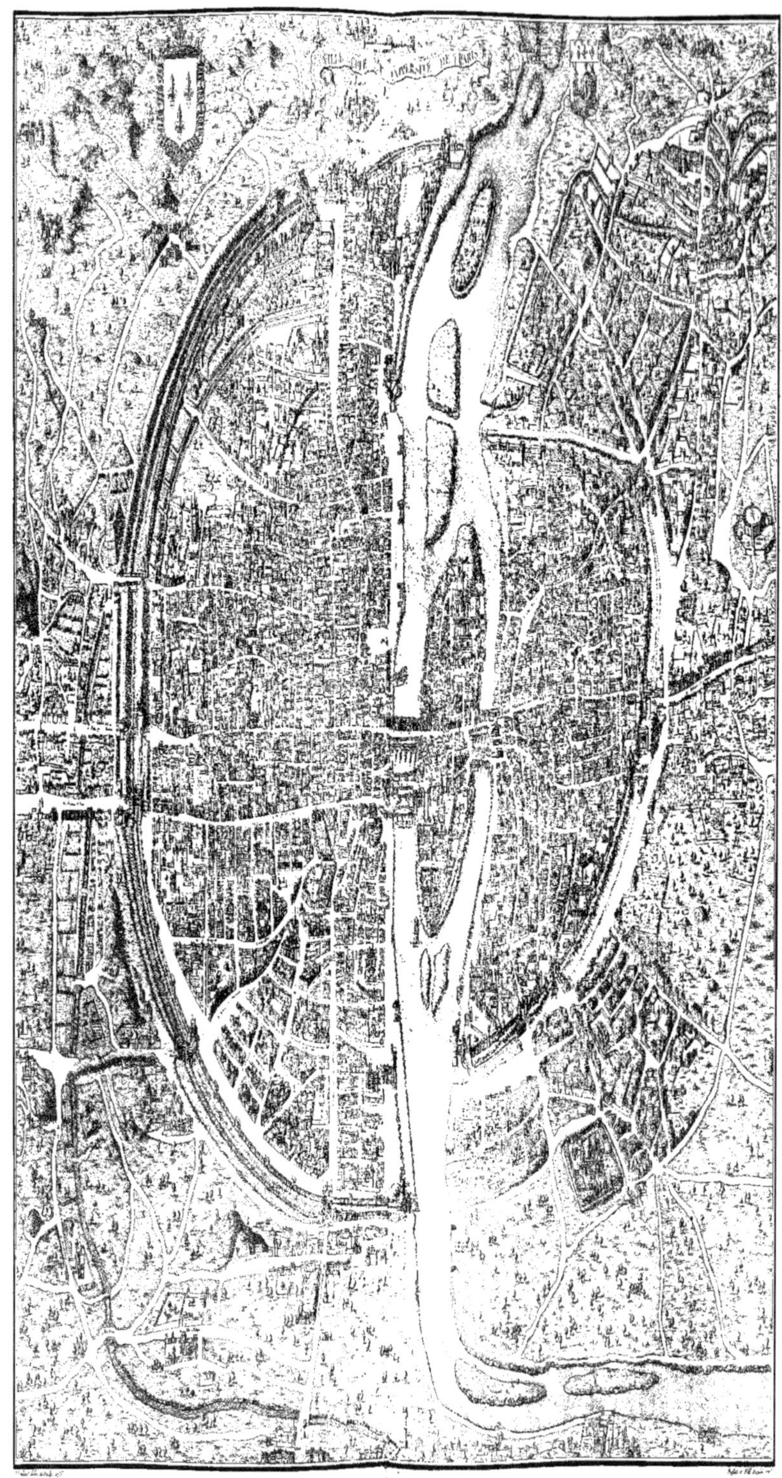

PLAN DE PARIS SOUS CHARLES IX (première moitié)

La planche originale appartient au Fonds de la Chalcographie du Musée du Louvre.

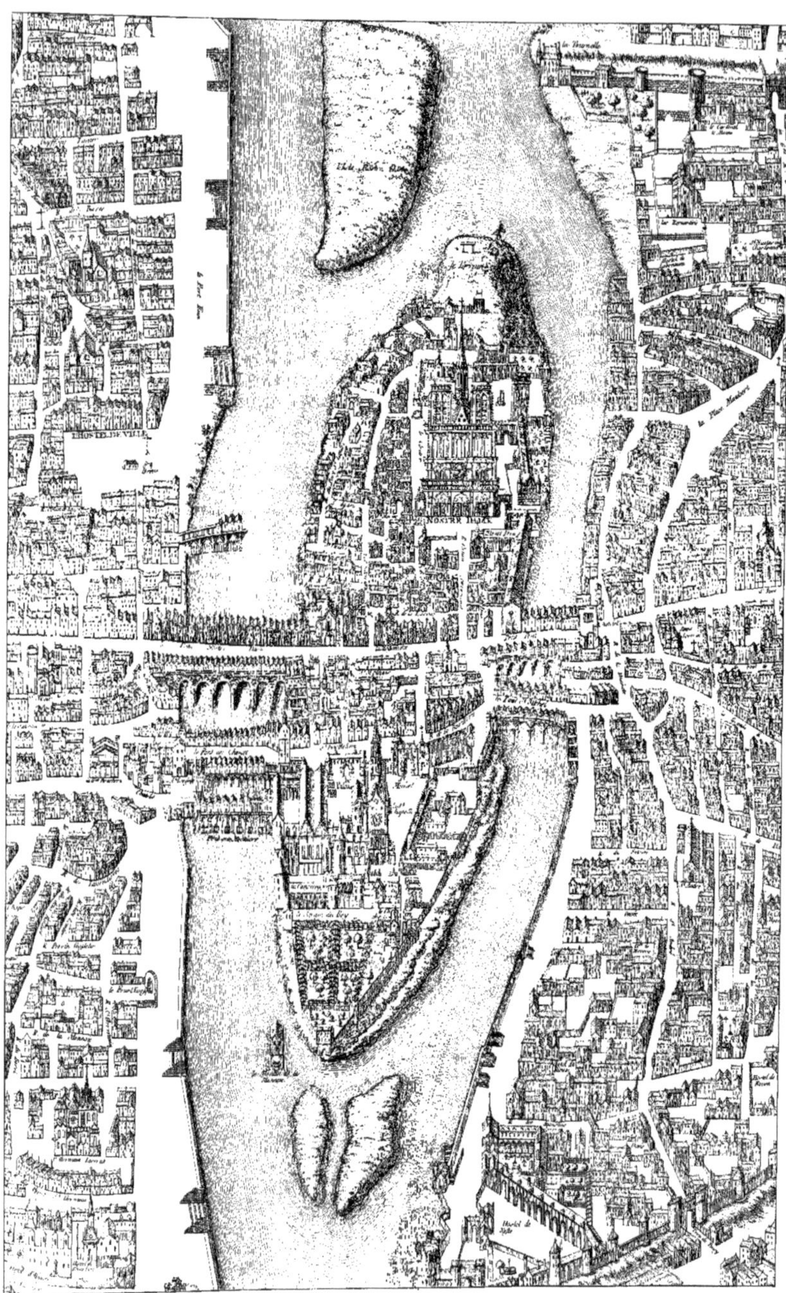

LA CITÉ
Détail du plan de Paris sous Charles IX.

SAINT-MARTIN-DES-CHAMPS ET LE TEMPLE

Détail du plan de Paris sous Charles IX.

SAINT-GERVAIS, L'HÔTEL DE VILLE ET LA BASTILLE

Détail du plan de Paris sous Charles IX

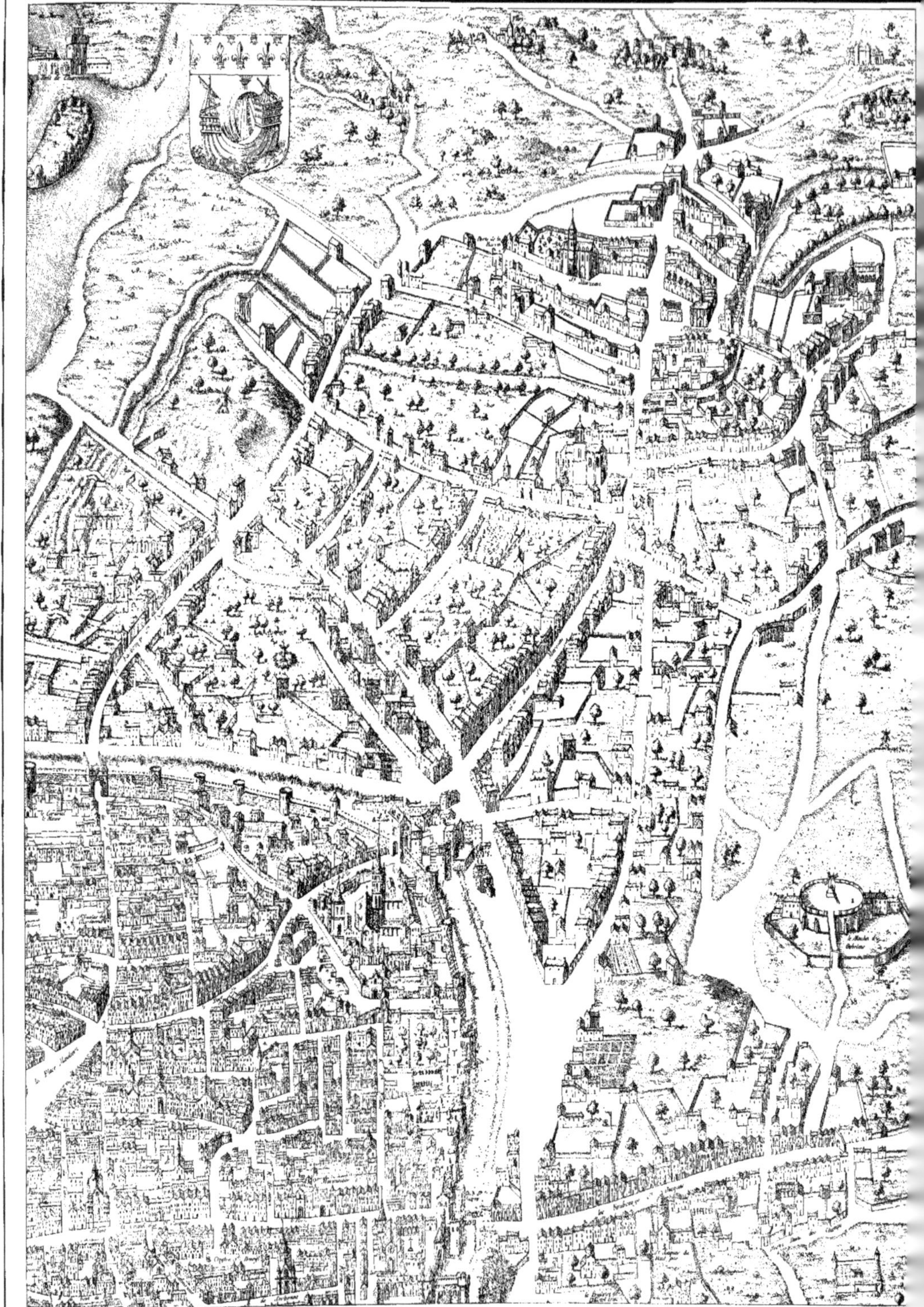

SAINTE-GENEVIÈVE-DU-MONT, SAINT-VICTOR ET SAINT-MARCEL

Dheulland delin. et Sculp. 1756.

LA VILLE-L'ÉVÊQUE ET MONTMARTRE

LE LOUVRE, SAINT-GERMAIN L'AUXERROIS ET SAINT-EUSTACHE

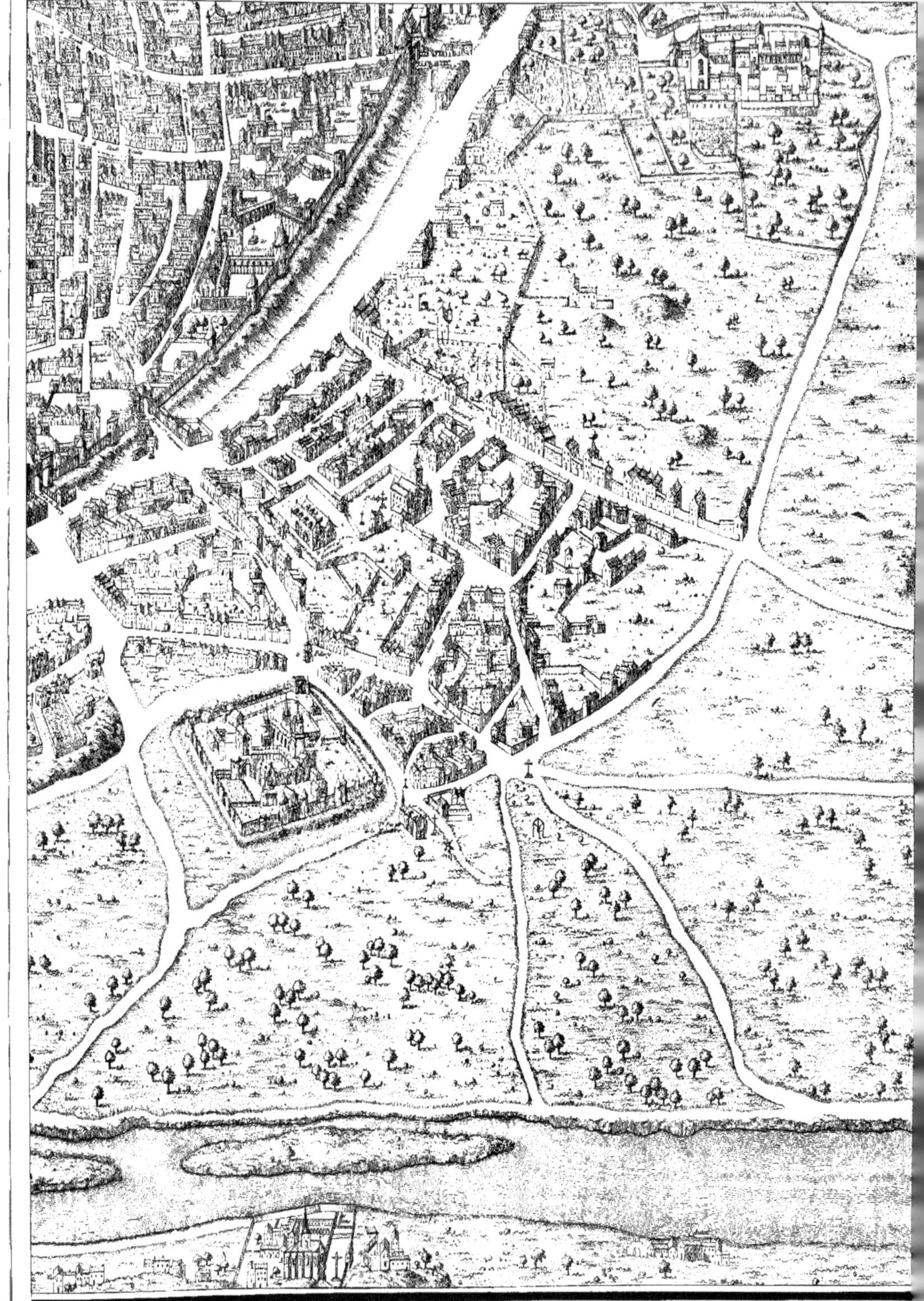

Præfect. et Ædil. Acquisiv. 1760

SAINT-GERMAIN-DES-PRÉS ET SAINT-SULPICE

ANCIENS NOMS	NOMS ACTUELS
1. Sainte Anne.	1. ... ...
2. Saint-Barthélemy et Saint Vincent.	2. *Ames du Purgatoire.*
3. Saint-Jacques et Saint-Philippe.	3. *Sainte-Geneviève.*
4. Saint-Antoine et Saint-Michel.	4. *Saint-Joseph.*
5. Saint-Thomas-de-Cantorbéry.	5. *Saint-Pierre.*
6. Saint-Augustin.	6. *Sainte-Anne.*
7. Sainte-Marie-Madeleine.	7. *Sacré-Cœur.*
8.	8. *Chapelle de la Vierge.*
9. Saint Pierre et Saint-Paul.	9. ... ...
10. Saint-Pierre, martyr.	10. [Passage]
11. Saint-Denis et Saint-Georges.	11. *Saint-Denis.*
12. Saint-Géraud.	12. [Passage]
13. Saint-Remi.	13. *Sainte-Marie-Madeleine*
14. Saint Pierre et Saint-Etienne.	14. *Saint-Guillaume.*
15. Saint-Jacques, Saint-Crépin, Saint-Crépinien et Saint-Etienne.	15. *Saint-Georges.*
16. Saint-Nicaise, Saint-Louis et Saint-Rigobert.	16. *Notre-Dame-des-Sept-Douleurs.*
17. Saint-Jean-Baptiste, Saint-Eutrope et Sainte-Foi.	17. *Saint-Marcel.*
18. Saint-Martin, Sainte-Anne et Saint-Michel.	18. *Saint-Louis.*
19. Saint-Ferréol et Saint-Ferratien.	19. *Saint-Germain.*
20. Saint-Jean-Baptiste et Sainte-Madeleine.	20. *Saint-Ferdinand.*
21. Saint-Eustache.	21. *Saint-Martin.*
22. Saint-Jean l'évangéliste et Sainte-Agnès.	22. ... ...
23. Saint-Denis.	23. *Saint-Etienne.*
24. Saint-Nicolas.	24. *Sainte-Clotilde.*
25. Sainte-Catherine.	25. *Saint-Landri.*
26. Saint-Julien-le-Pauvre et Sainte-Marie-Egyptienne.	26. *Saint-François-Xavier.*
27. Saint-Laurent.	27. *Saint-Vincent-de-Paul.*
28. Sainte-Geneviève.	28. *Sainte-Enfance.*
29. Saint-Georges.	29. *Saint-Charles.*
30. Saint-Léonard.	30. [Fonts baptismaux]

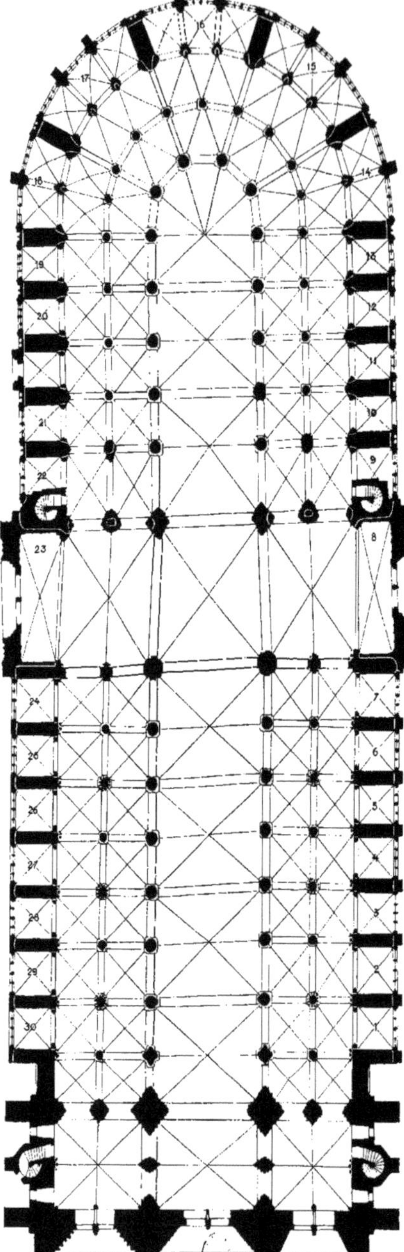

NOTRE-DAME DE PARIS ET SES CHAPELLES
d'après Marcel Aubert.

LE CHŒUR DE NOTRE-DAME DE PARIS AU XVe SIÈCLE
d'après Viollet-le-Duc.

LA TRINITÉ

(XIIe siècle, début).

Missel de Cambrai. Cambrai, Bibl. mun., ms. 234, fol. 2.

L'ARBRE DE JESSÉ
École française.
Bible historiale. Bruxelles, Bibl. roy., ms. 9002, fol. 219.

L'ARBRE DE JESSÉ

École française.

Bible historiale, Bruxelles, Bibl. roy., ms. 9025, fol. 144.

LA NATIVITÉ
par le Maître de Flémalle.
Musée de Dijon.

PORTRAIT DE PHILIPPE LE BON
d'après Roger Van der Weyden.
Maison royale d'Espagne.

PORTRAIT D'ISABELLE DE PORTUGAL
École française (?).
Paris, Musée du Louvre.

SAINTE BARBE
par le Maître de Flémalle.
Madrid, Musée du Prado.

www.ingramcontent.com/pod-product-compliance
Ingram Content Group UK Ltd.
Pitfield, Milton Keynes, MK11 3LW, UK
UKHW021129260726
13994UKWH00001B/69